혼자 배우는
히라가나 가타카나

혼자 배우는
히라가나 가타카나

찍은날 | 2024년 10월 04일
펴낸날 | 2024년 10월 11일
지은이 | 북도드리 가나연구팀
펴낸이 | 김지숙
펴낸곳 | 북도드리
등록번호 | 제2017-88호
주소 | 서울시 금천구 가산디지털2로 98, B212호
　　　 (가산동, 롯데IT캐슬)
전화 | 02-868-3018
팩스 | 02-868-3019
전자우편 | bookakdma@naver.com
ISBN | 979-11-964777-9-0 03730

이 도서의 국립중앙도서관 출판예정도서목록(CIP)은 서지정보유통지원
시스템 홈페이지(http://seoji.nl.go.kr)와 국가자료종합목록 구축시스템
(http://kolis-net.nl.go.kr)에서 이용하실 수 있습니다. (CIP제어번호 :
CIP2020049243)

혼자 배우는
히라가나 가타카나

북도드리 가나연구팀

북도드리
도서출판

일본의 개요

    일본은 남북으로 약 3000km에 걸쳐 길게 뻗어 있는 약 7000여 개의 크고 작은 섬으로 이루어진 섬나라입니다. 주요 섬으로 홋카이도(北海道), 혼슈(本州), 시코쿠(四国), 큐슈(九州)가 있습니다. 총면적은 약 377,818㎢로, 혼슈가 가장 크고 전체 면적의 약 67.3%를 차지합니다. 행정구역상으로 47개의 都道府県으로 1都(東京都), 1道(北海道), 2府(大阪府,京都府), 43県이며, 수도는 東京이고, 인구는 약 1억 2500만 정도이며, 언어는 日本語를 쓰고 있습니다.

    종교는 토착 신앙인 신도(神道)와 불교이며, 정치적으로는 수상을 중심으로 하는 의원내각제를 채택하고 있습니다. 현 총리는 스가 요시히데(すが よしひで 菅義偉)입니다. 천황은 상징적 원수로 나루히토천황(なるひと 德仁天皇)입니다. 연호를 쓰고 있으며, 2021년 현재 레이와 3년(令和 3年)입니다.

● 국기 : 히노마루(日の丸)
    일장기(にっしょうき・日章旗)라고도 합니다. 양쪽 다 '떠오르는 태양의 깃발'이라는 뜻으로 일본의 선박과 외국의 선박을 구별하기 위하여 16C경부터 사용하였습니다.

● 국가 : 기미가요(君が代)
    기미가요의 가사는 천황의 영광이 언제까지나 영원하기를 기원하는 내용으로《고킨와카슈(古今和歌集)》에 수록된 와카(和歌)로 작자는 미상입니다. 최근에는 이 내용을 군국주의나 천황제의 상징이라고 문제삼아 거부하는 단체나 개인이 늘고 있습니다.

● 국화 : 벚꽃으로 많이 알려져 있으나 법률로 지정된 국화(国花)는 없습니다. 벚꽃은 오래 전부터 일본의 신화에 나타나며, 무사들의 인생관을 나타내기도 하며, 일본인들에게 가장 친근한 꽃입니다. 황실의 문장은 국화(菊花)입니다.

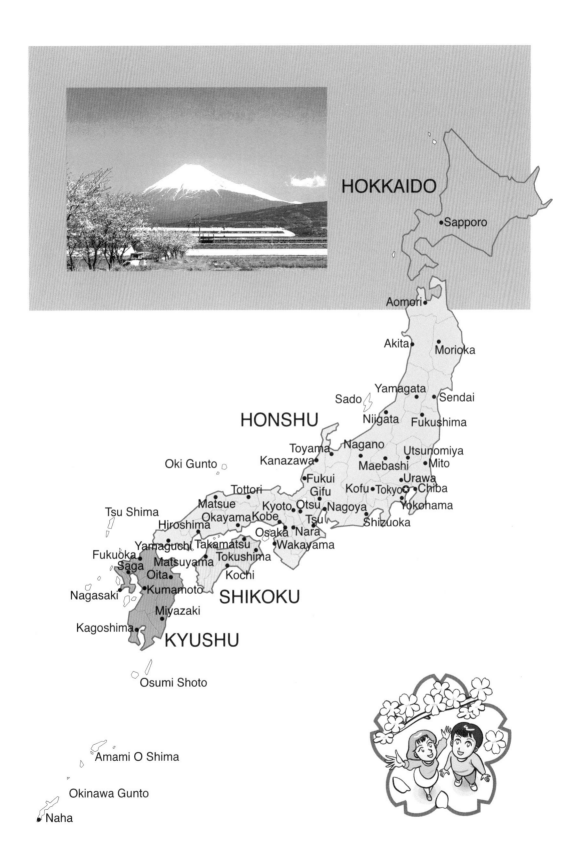

HOKKAIDO

•Sapporo

Aomori•

Akita• •Morioka

Yamagata
Sado •Sendai
Niigata• •Fukushima

HONSHU

Toyama• Nagano•
Oki Gunto Kanazawa• Utsunomiya•
Maebashi• •Mito
•Fukui Urawa•
Tottori• Gifu Kofu• •Chiba
Matsue• Kyoto Otsu• Tokyo•
Tsu Shima Okayama Kobe Nagoya• Yokohama•
Hiroshima• Osaka Tsu• •Shizuoka
Yamaguchi•Takamatsu Nara•
Fukuoka• •Wakayama
Saga• Matsuyama• Tokushima•
Oita• •Kochi
Nagasaki• •Kumamoto SHIKOKU

Miyazaki•
Kagoshima•

KYUSHU

Osumi Shoto

Amami O Shima

Okinawa Gunto

•Naha

목차(目次)

일본어 문자

일본어 글자에는 히라가나(ひらがな)와 가타카나(カタカナ)가 있고, 여기에 한자(漢字)가 병행하여 사용됩니다.
히라가나와 가타카나를 통틀어 가나(かな, 빌린 글자)라 부르는데, 일본어의 알파벳에 해당합니다.

(1) 히라가나(ひらがな)

- 히라가나는 일본 헤이안 시대(平安時代 : 794~1192년)인 9세기경에 궁궐 귀족 여성들에 의해 한자(漢字)의 초서(草書)체를 간략화하여 만든 글자라고 합니다.
- 히라가나는 인쇄 · 필기를 막론하고 모든 경우에 사용되며, 한자로 표기하거나 로마자로 표기하는 것을 제외하고 일반적으로 가장 많이 쓰이는 문자입니다.

(2) 가타카나(カタカナ)

- 가타카나는 일본의 헤이안 시대(平安時代) 초기에 승려들이 불경을 강독(講読)하면서 불경의 한자에 음(音)을 달기 위해 한자의 획을 줄이거나 한자의 한 부분을 따서 만든 글자라고 합니다.
- 가타카나는 외래어 · 의성어 · 의태어 · 전보 · 광고문 등 특별히 어의(語意)를 강조하고 싶을 때만 부분적으로 사용하고 있습니다.

(3) 한자(漢字)

- 일본어의 문장은 주로 히라가나와 한자를 섞어서 쓰는데, 한자(일본 고유의 한자도 있습니다)도 일본어라 생각하고 공부해야 합니다. 일본어에서 한자는 주로 약자(新字体)를 많이 사용합니다. 따라서 우리가 보통으로 쓰는 정자(正字)로만 표기하면 안 됩니다.
- 일본어에서는 이 한자 읽기가 아주 중요한데, 보통 하나의 한자(漢字)에 두 가지 이상의 읽는 방법이 있습니다. 한자의 뜻을 새겨서 읽는 법을 훈독(訓読)이라 하고, 음(音)을 따라서 소리나는 대로 읽는 법을 음독(音読)이라 합니다.
- 현재 일본에서는 내각고시로 제정한 상용한자(常用漢字) 1945字를 표준으로 사용하고 있습니다.

(4) 오십음도(五十音図 ; ごじゅうおんず)

- 가나(かな)를 일정한 순서로 5字씩 10行으로 배열한 것을 오십음도(五十音図)라고 하는데, 이것은 일종의 자모표(字母表)입니다.
- 세로의 줄을 「行(ぎょう)」이라 하고, 가로의 줄을 「段(だん)」이라고 합니다. 같은 자음(子音)이 같은 「行」에 있고, 같은 모음(母音)이 같은 「段」에 있게 됩니다.

히라가나(ひらがな) 오십음도

별색으로 표기된 글자는 히라가나의 자원(字源)입니다.

段 行	あ段	い段	う段	え段	お段
あ行	あ 安 아 (a)	い 以 이 (i)	う 宇 우 (u)	え 衣 에 (e)	お 於 오 (o)
か行	か 加 카 (ka)	き 幾 키 (ki)	く 久 쿠 (ku)	け 計 케 (ke)	こ 己 코 (ko)
さ行	さ 左 사 (sa)	し 之 시 (si)	す 寸 스 (su)	せ 世 세 (se)	そ 曽 소 (so)
た行	た 太 타 (ta)	ち 知 치 (chi)	つ 川 츠 (tsu)	て 天 테 (te)	と 止 토 (to)
な行	な 奈 나 (na)	に 仁 니 (ni)	ぬ 奴 누 (nu)	ね 称 네 (ne)	の 乃 노 (no)
は行	は 波 하 (ha)	ひ 比 히 (hi)	ふ 不 후 (hu)	へ 部 헤 (he)	ほ 保 호 (ho)
ま行	ま 末 마 (ma)	み 美 미 (mi)	む 武 무 (mu)	め 女 메 (me)	も 毛 모 (mo)
や行	や 也 야 (ya)		ゆ 由 유 (yu)		よ 与 요 (yo)
ら行	ら 良 라 (ra)	り 利 리 (ri)	る 留 루 (ru)	れ 礼 레 (re)	ろ 呂 로 (ro)
わ行	わ 和 와 (wa)				を 袁 오 (wo)
	ん 无 응 (n, ng)				

가타카나(カタカナ) 오십음도

별색으로 표기된 글자는 가타카나의 자원(字源)입니다.

段 行	ア 段	イ 段	ウ 段	エ 段	オ 段
ア行	ア 阿 아 (a)	イ 伊 이 (i)	ウ 宇 우 (u)	エ 江 에 (e)	オ 於 오 (o)
カ行	カ 加 카 (ka)	キ 幾 키 (ki)	ク 久 쿠 (ku)	ケ 介 케 (ke)	コ 己 코 (ko)
サ行	サ 散 사 (sa)	シ 之 시 (si)	ス 須 스 (su)	セ 世 세 (se)	ソ 曽 소 (so)
タ行	タ 多 타 (ta)	チ 千 치 (chi)	ツ 川 츠 (tsu)	テ 天 테 (te)	ト 止 토 (to)
ナ行	ナ 奈 나 (na)	ニ 二 니 (ni)	ヌ 奴 누 (nu)	ネ 称 네 (ne)	ノ 乃 노 (no)
ハ行	ハ 八 하 (ha)	ヒ 比 히 (hi)	フ 不 후 (hu)	ヘ 部 헤 (he)	ホ 保 호 (ho)
マ行	マ 万 마 (ma)	ミ 三 미 (mi)	ム 牟 무 (mu)	メ 女 메 (me)	モ 毛 모 (mo)
ヤ行	ヤ 也 야 (ya)		ユ 由 유 (yu)		ヨ 与 요 (yo)
ラ行	ラ 良 라 (ra)	リ 利 리 (ri)	ル 流 루 (ru)	レ 礼 레 (re)	ロ 呂 로 (ro)
ワ行	ワ 和 와 (wa)				ヲ 乎 오 (wo)
	ン 无 응 (n, ng)				

9

が	ぎ	ぐ	げ	ご
가[ga]	기[gi]	구[gu]	게[ge]	고[go]
ざ	じ	ず	ぜ	ぞ
자[za]	지[zi]	즈[zu]	제[ze]	조[zo]
だ	ぢ	づ	で	ど
다[da]	지[dsi]	즈[dsu]	데[de]	도[do]
ば	び	ぶ	べ	ぼ
바[ba]	비[bi]	부[bu]	베[be]	보[bo]
ぱ	ぴ	ぷ	ぺ	ぽ
파[pa]	피[pi]	푸[pu]	페[pe]	포[po]

ガ	ギ	グ	ゲ	ゴ
가[ga]	기[gi]	구[gu]	게[ge]	고[go]
ザ	ジ	ズ	ゼ	ゾ
자[za]	지[zi]	즈[zu]	제[ze]	조[zo]
ダ	ヂ	ヅ	デ	ド
다[da]	지[dsi]	즈[dsu]	데[de]	도[do]
バ	ビ	ブ	ベ	ボ
바[ba]	비[bi]	부[bu]	베[be]	보[bo]
パ	ピ	プ	ペ	ポ
파[pa]	피[pi]	푸[pu]	페[pe]	포[po]

요음(拗音) 히라가나 · 가타카나

きゃ	きゅ	きょ	キャ	キュ	キョ
캬, 꺄[kya]	큐, 뀨[kyu]	쿄, 꾜[kyo]	캬, 꺄[kya]	큐, 뀨[kyu]	쿄, 꾜[kyo]
しゃ	しゅ	しょ	シャ	シュ	ショ
샤[sya]	슈[syu]	쇼[syo]	샤[sya]	슈[syu]	쇼[syo]
ちゃ	ちゅ	ちょ	チャ	チュ	チョ
챠, 쨔[cya]	츄, 쮸[cyu]	쵸, 쬬[cyo]	챠, 쨔[cya]	츄, 쮸[cyu]	쵸, 쬬[cyo]
にゃ	にゅ	にょ	ニャ	ニュ	ニョ
냐[nya]	뉴[nyu]	뇨[nyo]	냐[nya]	뉴[nyu]	뇨[nyo]
ひゃ	ひゅ	ひょ	ヒャ	ヒュ	ヒョ
햐[hya]	휴[hyu]	효[hyo]	햐[hya]	휴[hyu]	효[hyo]
みゃ	みゅ	みょ	ミャ	ミュ	ミョ
먀[mya]	뮤[myu]	묘[myo]	먀[mya]	뮤[myu]	묘[myo]
りゃ	りゅ	りょ	リャ	リュ	リョ
랴[rya]	류[ryu]	료[ryo]	랴[rya]	류[ryu]	료[ryo]
ぎゃ	ぎゅ	ぎょ	ギャ	ギュ	ギョ
갸[gya]	규[gyu]	교[gyo]	갸[gya]	규[gyu]	교[gyo]
じゃ	じゅ	じょ	ジャ	ジュ	ジョ
쟈[zya]	쥬[zyu]	죠[zyo]	쟈[zya]	쥬[zyu]	죠[zyo]
ぢゃ	ぢゅ	ぢょ	ヂャ	ヂュ	ヂョ
쟈[ja]	쥬[ju]	죠[jo]	쟈[ja]	쥬[ju]	죠[jo]
びゃ	びゅ	びょ	ビャ	ビュ	ビョ
뱌[bya]	뷰[byu]	뵤[byo]	뱌[bya]	뷰[byu]	뵤[byo]
ぴゃ	ぴゅ	ぴょ	ピャ	ピュ	ピョ
퍄[pya]	퓨[pyu]	표[pyo]	퍄[pya]	퓨[pyu]	표[pyo]

 11

일본어 표기법

(1) 마침표(句点 ; くてん)

- 마침표를 일본어에서는 句点(くてん)이라고 합니다. 하나의 문장이 끝났을 때 우리말에서는 「 ~. 」로 표기하지만, 일본어에서는 「 ~。」로 표기합니다.

(2) 쉼표(読点 ;とうてん)

- 쉼표를 일본어에서는 読点(とうてん)이라고 합니다. 문장의 중간에 우리말에서는 「 , 」로 표기하지만, 일본어에서는 「 、」로 표기합니다.
- 일본어에서도 가로쓰기에서는 「 , 」로 표기하고, 세로쓰기에서는 「 、」로 표기하지만, 일본어 표기는 대부분 세로쓰기이므로 통상적으로는 가로와 세로를 구분하지 않고 「 、」로 표기하는 경우가 많습니다.

(3) 물음표(疑問符)

これは なんですか。

- 물음표를 일본어에서는 疑問符(ぎもんふ)이라고 합니다. 우리말에서는 「 ~? 」로 표기하지만, 일본어에서는 사용하지 않고 마침표와 마찬가지로 그냥 「 ~。」로 표기합니다.
- 일본어에서의 물음(의문)을 표시하는 말은 문장의 끝에 「 ~か 」가 오는데, 이 경우 그 문장은 의문문으로 해석해야 합니다.

(4) 띄어쓰기

● 일본어에서는 우리말과 달리 원칙적으로는 띄어쓰기를 하지
않습니다. 다만 어린이를 위한 책이거나 외국인이 일본어를
배울 때 배우는 사람의 문장 이해를 돕기 위해 의도적으로
띄어쓰기를 하는 경우는 있습니다.

1부
히라가나 익히기

ひらがな

청음(清音)

발음(撥音)

탁음(濁音)

반탁음(半濁音)

촉음(促音)

장음(長音)

요음(拗音)

청음(清音)

あ行

あ	い	う	え	お
아[a]	이[i]	우[u]	에[e]	오[o]

일본어의 모음. 일본어의 모음은 「あ・い・う・え・お」 다섯 가지밖에 없습니다.

あ
字源 :「あ」는 < 편안 안(安) >자의 초서체가 변형된 것입니다.
發音 : 우리말의 「아」에 가까운 발음으로 영어 로마자 표기는 [a]입니다.
　　　발음할 때는 입을 크게 벌리고 목구멍 안쪽에서부터 숨을 내뱉듯 소리를 냅니다.

い
字源 :「い」는 < 써 이(以) >자의 초서체가 변형된 것입니다.
發音 : 우리말의 「이」에 가까운 발음으로 영어 로마자 표기는 [i]입니다.
　　　발음할 때는 우리말의 「이」보다 좀더 입술 양끝을 옆으로 벌려서 소리를 냅니다.

う
字源 :「う」는 < 집 우(宇) >자의 초서체가 변형된 것입니다.
發音 : 우리말의 「우」와 「으」의 중간 정도 발음으로 대체로 「우」에 더욱 가까우며 영어
　　　로마자 표기는 [u]입니다.
　　　발음할 때는 우리말의 「으」를 발음하는 입 모양에서 입술에 힘을 빼고 「우」를 발
　　　음합니다. 입술이 너무 앞으로 튀어나오지 않도록 해야 합니다.

え
字源 :「え」는 < 옷 의(衣) >자의 초서체가 변형된 것입니다.
發音 : 우리말의 「에」와 「애」의 중간 정도 발음으로 대체로 「에」에 더욱 가까우며 영어
　　　로마자 표기는 [e]입니다.
　　　발음할 때는 입을 반쯤 벌리고 약간 강하고 짧게 소리를 냅니다.

お
字源 :「お」는 < 어조사 어(於) >자의 초서체가 변형된 것입니다.
發音 : 우리말의 「오」에 가까운 발음으로 영어 로마자 표기는 [o]입니다.
　　　발음할 때는 우리말의 「오」보다 약간 입을 넓게 벌리고 입술을 앞으로 내미는 듯
　　　하면서 짧게 소리를 냅니다.

あ

あ	あ	**あ**	あ	あ	あ	あ
あ	あ	あ	あ	あ	あ	あ

아[a]

い

い	い	い	い	い	い	い
い	い	い	い	い	い	い

이[i]

う

う	う	う	う	う	う	う
う	う	う	う	う	う	う

우[u]

| え | え | え | え | え | え | え | え |
| | | え | え | え | え | え | え | え |

에[e]

| お | お | お | お | お | お | お | お |
| | | お | お | お | お | お | お | お |

오[o]

● **단어 연습**

- あい 사랑(愛) / あお 파랑(青) / あき 가을(秋)
- いろ 빛깔(色) / いえ 집(家) / いま 지금(今) / いす 의자
- うえ 위(上) / うた 노래(歌) / うみ 바다(海)
- え 그림(絵) / えん 엔(円) / えき 역, 정거장(駅)
- おう 왕(王) / おと 소리(音) / おや 부모(親)

あ	い	う	え	お	あ	い	う	え	お
あ	い	う	え	お	あ	い	う	え	お
あ	い	う	え	お	あ	い	う	え	お

か行

か	き	く	け	こ
카[ka]	키[ki]	쿠[ku]	케[ke]	코[ko]

초보자가 틀리기 쉬운 발음으로, 우리말의 「ㄱ」과 영어 「k」의 중간음에 가깝다고 볼 수 있는데, 단어의 첫머리에 올 때는 「ㄱ」과 「ㅋ」의 중간음에 가깝게, 단어의 중간이나 끝에 올 때는 「ㄲ」쪽으로 발음되는 경우가 많습니다.

か 字源 : 「か」는 <더할 가(加)>자의 초서체가 변형된 것입니다.
　　 發音 : 우리말의 「카」와 「가」의 중간 정도 발음으로 단어의 중간이나 끝에 올 때, 의문조사로 쓰일 때는 「까」에 가까운 발음이 납니다. 영어 로마자 표기는 [ka]입니다.

き 字源 : 「き」는 <몇 기(幾)>자의 초서체가 변형된 것입니다.
　　 發音 : 우리말의 「키」와 「기」의 중간 정도 발음으로 단어의 중간이나 끝에 올 때는 「끼」에 가까운 발음이 납니다. 영어 로마자 표기는 [ki]입니다.

く 字源 : 「く」는 <오랠 구(久)>자의 초서체가 변형된 것입니다.
　　 發音 : 우리말의 「쿠」와 「구」의 중간 정도 발음으로 단어의 중간이나 끝에 올 때는 「꾸」에 가까운 발음이 납니다. 영어 로마자 표기는 [ku]입니다.

け 字源 : 「け」는 <셈 계(計)>자의 초서체가 변형된 것입니다.
　　 發音 : 우리말의 「케」와 「게」의 중간 정도 발음으로 단어의 중간이나 끝에 올 때는 「께」에 가까운 발음이 납니다. 영어 로마자 표기는 [ke]입니다.

こ 字源 : 「こ」는 <몸 기(己)>자의 초서체가 변형된 것입니다.
　　 發音 : 우리말의 「코」와 「고」의 중간 정도 발음으로 단어의 중간이나 끝에 올 때는 「꼬」에 가까운 발음이 납니다. 영어 로마자 표기는 [ko]입니다.

か	か	か	か	か	か	か	か
①→ ②→ ③→	か	か	か	か	か	か	か
か							
카[ka]							
き	き	き	き	き	き	き	き
①→ ②→ ③	き	き	き	き	き	き	き
き							
키[ki]							
く	く	く	く	く	く	く	く
① く	く	く	く	く	く	く	く
쿠[ku]							

け ① ② ③	け	け	け	け	け	け	け
	け	け	け	け	け	け	け
케[ke]							
こ ① ②	こ	こ	こ	こ	こ	こ	こ
	こ	こ	こ	こ	こ	こ	こ
코[ko]							

● 단어 연습

- かお 얼굴(顔) / かし 과자(菓子) / かみ 종이(紙) / かさ 우산(傘)
- きく 국화(菊) / きかい 기계(機械) / きた 북쪽(北)
- くすり 약(薬) / くつ 신발(靴) / くるま 차(車)
- けっこん 결혼(結婚) / け 털(毛) / けしき 경치(景色)
- こ 자식(子) / こうえん 공원(公園) / こえ 목소리(声)

か	き	く	け	こ	か	き	く	け	こ
か	き	く	け	こ	か	き	く	け	こ
か	き	く	け	こ	か	き	く	け	こ

さ行

さ	し	す	せ	そ
사[sa]	시[si]	스[su]	세[se]	소[so]

さ 字源 : 「さ」는 <왼 좌(左)>자의 초서체가 변형된 것입니다.
發音 : 우리말의 「사」에 가까운 발음으로 영어 로마자 표기는 [sa]입니다.

し 字源 : 「し」는 <갈 지(之)>자의 초서체가 변형된 것입니다.
發音 : 우리말의 「시」에 가까운 발음으로 영어 로마자 표기는 [si]입니다.

す 字源 : 「す」는 <마디 촌(寸)>자의 초서체가 변형된 것입니다.
發音 : 우리말의 「스」와 「수」의 중간 정도 발음으로 대체로 「스」에 가까운 발음이 납니다. 영어 로마자 표기는 [su]입니다.

せ 字源 : 「せ」는 <인간 세(世)>자의 초서체가 변형된 것입니다.
發音 : 우리말의 「세」에 가까운 발음으로 영어 로마자 표기는 [se]입니다.

そ 字源 : 「そ」는 <일찍 증(曾)>자의 초서체가 변형된 것입니다.
發音 : 우리말의 「소」에 가까운 발음으로 영어 로마자 표기는 [so]입니다.

さ		さ	さ	さ	さ	さ	さ	さ
		さ	さ	さ	さ	さ	さ	さ
사[sa]								

し		し	し	し	し	し	し	し
		し	し	し	し	し	し	し
시[si]								

す		す	す	す	す	す	す	す
		す	す	す	す	す	す	す
스[su]								

せ	せ	せ	せ	せ	せ	せ	せ
③→①②		せ	せ	せ	せ	せ	せ
세[se]							
そ①	そ	そ	そ	そ	そ	そ	そ
		そ	そ	そ	そ	そ	そ
소[so]							

● 단어 연습

- さかな 생선(魚) / さとう 설탕(砂糖) / さら 접시(皿) / さいきん 최근(最近)
- しけん 실험(試験) / した 아래(下) / しつもん 질문(質問) / しま 섬(島)
- すいり 추리(推理) / すこし 조금, 약간 / すすめる 권하다
- せいかつ 생활(生活) / せかい 세계(世界) / せき 자리(席)
- そら 하늘(空) / そつぎょう 졸업(卒業) / そと 바깥(外)

さ	し	す	せ	そ	さ	し	す	せ	そ
さ	し	す	せ	そ	さ	し	す	せ	そ
さ	し	す	せ	そ	さ	し	す	せ	そ

た行

た	ち	つ	て	と
타[ta]	치[chi]	츠[tsu]	테[te]	토[to]

「た」행은 한국인에게 가장 어려운 발음 중의 하나입니다. 그 중에서도 「ち, つ」음은 우리말에 없는 발음이므로 특히 발음에 신경써야 합니다.

た 字源 : 「た」는 <클 태(太) >자의 초서체가 변형된 것입니다.
發音 : 우리말 「타」와 「다」의 중간 정도 발음으로 대체로 「타」에 가까우며 단어의 중간이나 끝에 올 때는 「따」에 가까운 발음이 납니다. 영어 로마자 표기는 [ta]입니다.

ち 字源 : 「ち」는 <알 지(知) >자의 초서체가 변형된 것입니다.
發音 : 우리말 「치」에 가까우며 발음할 때 시작음을 약하게 발음합니다. 단어의 중간이나 끝에 올 때는 「찌」에 가까운 발음이 납니다. 영어 로마자 표기는 [chi]입니다.

つ 字源 : 「つ」는 <내 천(川) >자의 초서체가 변형된 것입니다.
發音 : 우리말 「쯔, 쓰, 츠」의 복합적인 발음으로 「쓰」의 입 모양에서 「쯔」를 발음하면 가장 비슷하다고 봅니다. 단어의 중간이나 끝에 올 때는 「쯔」에 가까운 발음이 납니다. 영어 로마자 표기는 [tsu]입니다.

て 字源 : 「て」는 <하늘 천(天) >자의 초서체가 변형된 것입니다.
發音 : 우리말 「테」와 「데」의 중간 정도 발음으로 대체로 「테」에 가까우며 단어의 중간이나 끝에 올 때는 「떼」에 가까운 발음이 납니다. 영어 로마자 표기는 [te]입니다.

と 字源 : 「と」는 <그칠 지(止) >자의 초서체가 변형된 것입니다.
發音 : 우리말 「토」와 「도」의 중간 정도 발음으로 대체로 「토」에 가까우며 단어의 중간이나 끝에 올 때는 「또」에 가까운 발음이 납니다. 영어 로마자 표기는 [to]입니다.

28

た	た	た	た	た	た	た	た
				た	た	た	た

타[ta]

ち	ち	ち	ち	ち	ち	ち
		ち	ち	ち	ち	ち

치[chi]

つ	つ	つ	つ	つ	つ	つ
	つ	つ	つ	つ	つ	つ

츠[tsu]

て	て	て	て	て	て	て	て
①	て	て	て	て	て	て	て
테[te]							

と	と	と	と	と	と	と	と
① ②	と	と	と	と	と	と	と
토[to]							

● 단어 연습

- たんじょうび 탄생일(誕生日) / たまご 달걀(卵) / たてもの 건물(建物)
- ちかてつ 지하철(地下鉄) / ちず 지도(地図) / ちち 아버지(父) / ちり 지리(地理)
- つくえ 책상(机) / つち 흙(土) / つめたい 차갑다
- て 손(手) / てつどう 철도(鉄道) / てんき 날씨
- とき 때, 시간 / とけい 시계(時計) / とり 새(鳥)

た	ち	つ	て	と	た	ち	つ	て	と
た	ち	つ	て	と	た	ち	つ	て	と
た	ち	つ	て	と	た	ち	つ	て	と

な行

な	に	ぬ	ね	の
나[na]	니[ni]	누[nu]	네[ne]	노[no]

な 字源 : 「な」는 <어찌 나(奈)>자의 초서체가 변형된 것입니다.
發音 : 우리말의 「나」에 가까운 발음으로 영어 로마자 표기는 [na]입니다.

に 字源 : 「に」는 <어질 인(仁)>자의 초서체가 변형된 것입니다.
發音 : 우리말의 「니」에 가까운 발음으로 영어 로마자 표기는 [ni]입니다.

ぬ 字源 : 「ぬ」는 <종 노(奴)>자의 초서체가 변형된 것입니다.
發音 : 우리말의 「누」와 「느」의 중간 정도 발음으로 대체로 「누」에 가까운 발음이 납니다. 영어 로마자 표기는 [nu]입니다.

ね 字源 : 「ね」는 <일컬을 칭(称)>자의 초서체가 변형된 것입니다.
發音 : 우리말의 「네」에 가까운 발음으로 영어 로마자 표기는 [ne]입니다.

の 字源 : 「の」는 <이에 내(乃)>자의 초서체가 변형된 것입니다.
發音 : 우리말의 「노」에 가까운 발음으로 영어 로마자 표기는 [no]입니다.

な	な	な	な	な	な	な	な
① ③ ② ④	な	な	な	な	な	な	な
나[na]							

に	に	に	に	に	に	に	に
② ① ③	に	に	に	に	に	に	に
니[ni]							

ぬ	ぬ	ぬ	ぬ	ぬ	ぬ	ぬ	ぬ
① ②	ぬ	ぬ	ぬ	ぬ	ぬ	ぬ	ぬ
누[nu]							

ね	ね	ね	ね	ね	ね	ね	ね
		ね	ね	ね	ね	ね	ね
네[ne]							

の	の	の	の	の	の	の	の
		の	の	の	の	の	の
노[no]							

● 단어 연습

- なつ 여름(夏) / なまえ 이름(名前) / なか 속, 가운데(中) / なみだ 눈물(涙)
- にく 고기(肉) / におい 냄새, 향기 / にもつ 짐(荷物) / にんぎょう 인형(人形)
- ぬく 줄이다, 생략하다 / ぬぐ 벗다 / ぬれる 젖다
- ねこ 고양이(猫) / ねだん 값(値段) / ねる 잠자다, 눕다
- のぼる 올라가다 / のる 올라타다 / のむ 복용하다

な	に	ぬ	ね	の	な	に	ぬ	ね	の
な	に	ぬ	ね	の	な	に	ぬ	ね	の
な	に	ぬ	ね	の	な	に	ぬ	ね	の

は行

は	ひ	ふ	へ	ほ
하[ha]	히[hi]	후[hu]	헤[he]	호[ho]

は
字源 : 「は」는 < 물결 파(波) >자의 초서체가 변형된 것입니다.
發音 : 우리말의 「하」에 가까운 발음으로 너무 약하게 발음하지 않도록 주의해야 합니다.
영어 로마자 표기는 [ha]입니다.

ひ
字源 : 「ひ」는 < 견줄 비(比) >자의 초서체가 변형된 것입니다.
發音 : 우리말의 「히」에 가까운 발음으로 영어 로마자 표기는 [hi]입니다.

ふ
字源 : 「ふ」는 < 아닐 불(不) >자의 초서체가 변형된 것입니다.
發音 : 우리말의 「후」와 「흐」의 중간 정도 발음으로 대체로 「후」에 가까운 발음이 납니다. 영어 로마자 표기는 [hu]입니다.

へ
字源 : 「へ」는 < 거느릴 부(部) >자의 초서체가 변형된 것입니다.
發音 : 우리말의 「헤」에 가까운 발음으로 영어 로마자 표기는 [he]입니다.

ほ
字源 : 「ほ」는 < 보존할 보(保) >자의 초서체가 변형된 것입니다.
發音 : 우리말의 「호」에 가까운 발음으로 영어 로마자 표기는 [ho]입니다.

は	は	は	は	は	は	は	は
① ② ③	は	は	は	は	は	は	は
하[ha]							

ひ	ひ	ひ	ひ	ひ	ひ	ひ	ひ
①	ひ	ひ	ひ	ひ	ひ	ひ	ひ
히[hi]							

① ② ④ ③	ふ	ふ	ふ	ふ	ふ	ふ	ふ
	ふ	ふ	ふ	ふ	ふ	ふ	ふ
후[hu]							

	へ	へ	へ	へ	へ	へ	へ
① へ		へ	へ	へ	へ	へ	へ
헤[he]							

	② ③ ④ ほ ①	ほ	ほ	ほ	ほ	ほ	ほ	ほ
		ほ	ほ	ほ	ほ	ほ	ほ	ほ
호[ho]								

● 단어 연습

- はる 봄(春) / はな 꽃(花) / はは 어머니(母) / はし 다리(橋) / はんたい 반대(反対)
- ひ 불(火) / ひこうき 비행기(飛行機) / ひと 사람(人) / ひやす 식히다, 차게 하다
- ふね 배(船) / ふゆ 겨울(冬) / ふんいき 분위기(雰囲気)
- へいわ 평화(平和) / へた 서투름(下手) / へや 방(部屋)
- ほうもん 방문(訪問) / ほし 별(星) / ほん 책(本)

は	ひ	ふ	へ	ほ	は	ひ	ふ	へ	ほ
は	ひ	ふ	へ	ほ	は	ひ	ふ	へ	ほ
は	ひ	ふ	へ	ほ	は	ひ	ふ	へ	ほ

ま行

ま	み	む	め	も
마[ma]	미[mi]	무[mu]	메[me]	모[mo]

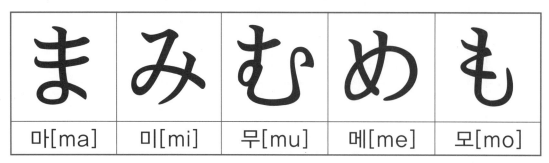

ま 字源:「ま」는 <끝 말(末)>자의 초서체가 변형된 것입니다.
　　發音: 우리말의 「마」에 가까운 발음으로 영어 로마자 표기는 [ma]입니다.

み 字源:「み」는 <아름다울 미(美)>자의 초서체가 변형된 것입니다.
　　發音: 우리말의 「미」에 가까운 발음으로 영어 로마자 표기는 [mi]입니다.

む 字源:「む」는 <호반 무(武)>자의 초서체가 변형된 것입니다.
　　發音: 우리말의 「무」와 「므」의 중간 정도 발음으로 대체로 「무」에 가까운 발음이 납니다. 영어 로마자 표기는 [mu]입니다.

め 字源:「め」는 <계집 여(女)>자의 초서체가 변형된 것입니다.
　　發音: 우리말의 「메」에 가까운 발음으로 영어 로마자 표기는 [me]입니다.

も 字源:「も」는 <털 모(毛)>자의 초서체가 변형된 것입니다.
　　發音: 우리말의 「모」에 가까운 발음으로 영어 로마자 표기는 [mo]입니다.

ま	ま	ま	ま	ま	ま	ま	ま
① ③ ② ま	ま	ま	ま	ま	ま	ま	ま
마[ma]							

み	み	み	み	み	み	み	み
① ② み	み	み	み	み	み	み	み
미[mi]							

む	む	む	む	む	む	む	む
① ② む	む	む	む	む	む	む	む
무[mu]							

	め	め	め	め	め	め	め
め ①②			め	め	め	め	め
메[me]							
② ① も ③	も	も	も	も	も	も	も
			も	も	も	も	も
모[mo]							

● 단어 연습

- まち 거리(町) / まえ 앞(前) / また 또, 다시(又) / まつ 기다리다 / まわる 회전하다
- みせ 가게(店) / みち 길(道) / みみ 귀(耳) / みやげ 토산품(土産) / みず 물(水)
- むすこ 아들(息子) / むすめ 딸(娘) / むら 마을(村)
- めいし 명함(名刺) / め 눈(目) / めいれい 명령(命令)
- もんだい 문제(問題) / もう 이미, 벌써 / もの 물건(物)

ま	み	む	め	も	ま	み	む	め	も
ま	み	む	め	も	ま	み	む	め	も
ま	み	む	め	も	ま	み	む	め	も

や行

や		ゆ		よ
야[ya]		유[yu]		요[yo]

や 字源: 「や」는 <어조사 야(也)>자의 초서체가 변형된 것입니다.

　　 發音: 우리말의 「야」에 가까운 발음의 반모음으로 발음할 때 입술이 너무 동그랗게 되지 않도록 주의해야 합니다. 영어 로마자 표기는 [ya]입니다.

ゆ 字源: 「ゆ」는 <말미암을 유(由)>자의 초서체가 변형된 것입니다.

　　 發音: 우리말의 「유」에 가까운 발음의 반모음으로 발음할 때 입술을 앞으로 내밀지 않아야 합니다. 영어 로마자 표기는 [yu]입니다.

よ 字源: 「よ」는 <더불 여(与)>자의 초서체가 변형된 것입니다.

　　 發音: 우리말의 「요」에 가까운 발음의 반모음으로 발음할 때 「ゆ」와 마찬가지로 입술을 앞으로 내밀지 않아야 합니다. 영어 로마자 표기는 [yo]입니다.

や	や	や	や	や	や	や	や
① ② ③	や	や	や	や	や	や	や

야[ya]

ゆ	ゆ	ゆ	ゆ	ゆ	ゆ	ゆ	ゆ
① ②	ゆ	ゆ	ゆ	ゆ	ゆ	ゆ	ゆ

유[yu]

よ	よ	よ	よ	よ	よ	よ	よ
② ①	よ	よ	よ	よ	よ	よ	よ

요[yo]

ら行

ら	り	る	れ	ろ
라[ra]	리[ri]	루[ru]	레[re]	로[ro]

우리말에서는 단어의 첫 머리에 「r」음이 오지 않지만 일본어에서는 「r」음이 많이 사용됩니다.
첫머리라고 해서 「ㄴ」으로 발음하지 않도록 주의해야 합니다.

ら 字 源 : 「ら」는 < 어질 양(良) >자의 초서체가 변형된 것입니다.
發 音 : 우리말의 「라」에 가까운 발음으로 영어 로마자 표기는 [ra]입니다.

り 字 源 : 「り」는 < 이로울 이(利) >자의 초서체가 변형된 것입니다.
發 音 : 우리말의 「리」에 가까운 발음으로 영어 로마자 표기는 [ri]입니다.

る 字 源 : 「る」는 < 머무를 유(留) >자의 초서체가 변형된 것입니다.
發 音 : 우리말의 「루」와 「르」의 중간 정도 발음으로 대체로 「루」에 가까운 발음이 납니
다. 영어 로마자 표기는 [ru]입니다.

れ 字 源 : 「れ」는 < 예 예(礼) >자의 초서체가 변형된 것입니다.
發 音 : 우리말의 「레」에 가까운 발음으로 영어 로마자 표기는 [re]입니다.

ろ 字 源 : 「ろ」는 < 음률 여(呂) >자의 초서체가 변형된 것입니다.
發 音 : 우리말의 「로」에 가까운 발음으로 영어 로마자 표기는 [ro]입니다.

ら	ら	ら	ら	ら	ら	ら	ら
		ら	ら	ら	ら	ら	ら

라[ra]

り	り	り	り	り	り	り	り
	り	り	り	り	り	り	り

리[ri]

る	る	る	る	る	る	る	る
	る	る	る	る	る	る	る

루[ru]

れ ①② 레[re]	れ	れ	れ	れ	れ	れ	れ
	れ	れ	れ	れ	れ	れ	れ
ろ ① 로[ro]	ろ	ろ	ろ	ろ	ろ	ろ	ろ
	ろ	ろ	ろ	ろ	ろ	ろ	ろ

● 단어 연습

- らいねん 내년(来年) / らい 우뢰(雷) / らくよう 낙엽(落葉) / らくえん 낙원(楽園)
- りょこう 여행(旅行) / りょうり 요리(料理) / りょうしん 부모님(兩親)
- るいじつ 여러 날(累日) / るいれい 유례(類例)
- れきし 역사(歴史) / れんしゅう 연습(練習)
- ろうじん 노인(老人) / ろくおん 녹음(録音)

ら	り	る	れ	ろ	ら	り	る	れ	ろ
ら	り	る	れ	ろ	ら	り	る	れ	ろ
ら	り	る	れ	ろ	ら	り	る	れ	ろ

わ行

わ				を
와[wa]				오[wo]

わ 字源 : 「わ」는 < 화할 화(和) >자의 초서체가 변형된 것입니다.
發音 : 우리말 「와」에 가까운 발음의 반모음으로 영어 로마자 표기는 [wa]입니다.

を 字源 : 「を」는 < 옷길 원(袁) >자의 초서체가 변형된 것입니다.
發音 : 우리말의 「오」에 가까운 발음으로 「お」와 발음이 같지만 우리말의 「을(를)」에 해당하는 조사로만 쓰입니다. 영어 로마자 표기는 [wo]입니다.

わ	わ わ	わ	わ	わ	わ	わ
	わ	わ	わ	わ	わ	わ
와[wa]						

を	を を を	を	を	を	を
	を	を	を	を	を	を
오[wo]						

● 단어 연습

- わたし 나, 저(私) / わおん 화음(和音) / わかもの 젊은이(若者) / わけ 의미, 뜻(訳)
- わらう 웃다, 우습다 / わすれる 잊다 / わるい 나쁘다 / わかい 젊다. 어리다
- ～を 을(를) / としをとる 나이를 먹다
- き(気)をつける 조심하다, 정신차리다

51

발음(撥音)

はつおん(하쯔옹)

ん

응[n,ng]

字源 : 「ん」은 < 없을 무(无) >자의 초서체가 변형된 것입니다.

發音 : 「ん」은 받침으로 쓰이는 글자입니다. 따라서 단어의 첫머리에 올
수 없으며 다음에 오는 글자가 어떤 글자이냐에 따라 우리말의
「ㅁ・ㄴ・ㅇ・N字」음으로 발음됩니다. 통상적으로는 「응」으로
읽습니다. 영어 로마자 표기는 [n, ng]입니다.

「ん」도 그 자체가 하나의 글자이므로 1음절 길이와 같습니다. 따
라서 앞 글자에 붙여서 발음하지만 약간 길게 발음한다는 느낌으
로 발음해야 합니다.

	①	ん	ん	ん	ん	ん	ん	ん
		ん	ん	ん	ん	ん	ん	ん
ん								
응[n,ng]								

▶ 「ん」을 우리말 「ㅇ」으로 발음하는 경우 (여린 입천장 소리)

「ん」다음에 「か・が」行의 글자가 오면 「ㅇ」으로 발음합니다.

にんぎょう 인형(人形) / けんこう 건강(健康) / さんぎょう 산업(産業)

へんか 변화(変化) / にんげん 인간(人間) / ぶんか 문화(文化)

かんけい 관계(関係)

▶ 「ん」을 우리말 「ㄴ」으로 발음하는 경우 (입천장 소리)

「ん」다음에 「さ・ざ・た・だ・な・ら」行의 글자가 오면 「ㄴ」으로 발음합니다.

あんない 안내(案内) / あんぜん 안전(安全) / えんりょ 사양(遠慮) / うんてん 운전(運転)

かんじ 한자(漢字) / けんせつ 건설(建設) / こんど 이번(今度) / おんな 여자(女)

せんせい 선생(先生) / はんたい 반대(反対) / べんり 편리(便利) / もんだい 문제(問題)

▶ 「ん」을 우리말 「ㅁ」으로 발음하는 경우 (입술 소리)

「ん」자 다음에 「ま・ば・ぱ」行의 글자가 오면 「ㅁ」으로 발음합니다.

しんぶん 신문(新聞) / しんぱい 걱정(心配) / さんぽ 산책(散歩)

がんめん 안면(顔面) / ほんもの 진짜(本物) / えんぴつ 연필(鉛筆)

じゅんび 준비(準備) / こんばん 오늘밤(今晩)

▶ 「N字」 발음은 우리말 「ㅇ」과 「ㄴ」의 중간음으로 발음 (비음화된 중설모음)

「ん」다음에 모음, 반모음인 「あ・や・わ」行과 「は」行이 올 경우와 「ん」이 단어의 맨 끝에 올 경우에는 「ㅇ」과 「ㄴ」의 중간음 정도인 비음(콧소리)으로 발음합니다.

でんわ 전화(電話) / ほんや 책방(本屋) / きんようび 금요일(金曜日)

せんやく 선약(先約) / こんや 오늘밤(今夜) / いけん 의견(意見) / えん 엔(円)

けいけん 경험(経験) / けいさん 계산(計算) / じかん 시간(時間) / ごぜん 오전(午前)

けっこん 결혼(結婚) / こうえん 공원(公園) / しぜん 자연(自然) / しつもん 질문(質問)

탁음(濁音)

が行

が	ぎ	ぐ	げ	ご
가[ga]	기[gi]	구[gu]	게[ge]	고[go]

- が行은 청음 「か·き·く·け·こ」에 탁점을 붙인 것으로 우리말의 「가·기·구·게·고」에 가까운 발음으로 목의 성대를 울려서 내는 발음입니다.
- 청음 「か·き·く·け·こ」처럼 단어의 중간이나 끝에 온다고 해서 「ㄲ」의 음으로 발음하지 않습니다. 청음은 비교적 강하게 발음하고 탁음은 약하게 발음하는 것이 좋습니다.
- が行이 단어의 첫음이 아닌 중간 이하에 올 경우에는 비음(콧소리)이 되어 코가 울리면서 발음하기도 합니다.

が 「が」는 우리말의 「가」에 가까운 발음으로 영어 로마자 표기는 [ga]입니다.
발음할때는 「가」 앞에 짧게 「으」를 넣어 발음하면 비교적 가깝습니다.

ぎ 「ぎ」는 우리말의 「기」에 가까운 발음으로 영어 로마자 표기는 [gi]입니다.
발음할때는 「기」 앞에 짧게 「으」를 넣어 발음하면 비교적 가깝습니다.

ぐ 「ぐ」는 우리말의 「구」에 가까운 발음으로 영어 로마자 표기는 [gu]입니다.
발음할때는 「구」 앞에 짧게 「으」를 넣어 발음하면 비교적 가깝습니다.

げ 「げ」는 우리말의 「게」에 가까운 발음으로 영어 로마자 표기는 [ge]입니다.
발음할때는 「게」 앞에 짧게 「으」를 넣어 발음하면 비교적 가깝습니다.

ご 「ご」는 우리말의 「고」에 가까운 발음으로 영어 로마자 표기는 [go]입니다.
발음할때는 「고」 앞에 짧게 「으」를 넣어 발음하면 비교적 가깝습니다.

がががが が　が　が
が　が　が　が　が　が　が

가[ga]

ぎ ぎ ぎ ぎ ぎ ぎ ぎ
ぎ ぎ ぎ ぎ ぎ ぎ ぎ

기[gi]

ぐ ぐ ぐ ぐ ぐ ぐ ぐ
ぐ ぐ ぐ ぐ ぐ ぐ ぐ

구[gu]

げ	げ	げ	げ	げ	げ	げ	げ
① ② ③ ④ ⑤	げ	げ	げ	げ	げ	げ	げ
게[ge]							

ご	ご	ご	ご	ご	ご	ご	ご
① ② ③ ④	ご	ご	ご	ご	ご	ご	ご
고[go]							

● **단어 연습**

- がくせい 학생(学生) / がっこう 학교(学校) / がいこく 외국(外国)
- ぎじゅつ 기술(技術) / ぎむ 의무(義務) / ぎんこう 은행(銀行)
- ぐあい 형편(具合) / ぐんたい 군대(軍隊) / ぐうぞう 우상(偶像)
- げんいん 원인(原因) / げつようび 월요일(月曜日)
- ごご 오후(午後) / ごぜん 오전(午前) / ごがく 어학(語学)

ざ行

ざ	じ	ず	ぜ	ぞ
자[za]	지[zi]	즈[zu]	제[ze]	조[zo]

ざ 「ざ」는 우리말의 「자」에 가까운 발음으로 영어 로마자 표기는 [za]입니다.
발음할 때는 목구멍이 울리도록 하면서 발음합니다.

じ 「じ」는 우리말의 「지」에 가까운 발음으로 영어 로마자 표기는 [zi]입니다.
발음할 때는 목구멍이 울리도록 하면서 발음합니다.

ず 「ず」는 우리말의 「즈」에 가까운 발음으로 영어 로마자 표기는 [zu]입니다.
발음할 때는 목구멍이 울리도록 하면서 발음합니다.

ぜ 「ぜ」는 우리말의 「제」에 가까운 발음으로 영어 로마자 표기는 [ze]입니다.
발음할 때는 목구멍이 울리도록 하면서 발음합니다.

ぞ 「ぞ」는 우리말의 「조」에 가까운 발음으로 영어 로마자 표기는 [zo]입니다.
발음할 때는 목구멍이 울리도록 하면서 발음합니다.

ざ	ざ	ざ	ざ	ざ	ざ	ざ
ざ	ざ	ざ	ざ	ざ	ざ	ざ

자[za]

じ	じ	じ	じ	じ	じ	じ
じ	じ	じ	じ	じ	じ	じ

지[zi]

ず	ず	ず	ず	ず	ず	ず
ず	ず	ず	ず	ず	ず	ず

즈[zu]

	ぜ	ぜ	ぜ	ぜ	ぜ	ぜ	ぜ
③ ④ ② ① ぜ	ぜ	ぜ	ぜ	ぜ	ぜ	ぜ	ぜ
제[ze]							

	ぞ	ぞ	ぞ	ぞ	ぞ	ぞ	ぞ
② ③ ① ぞ	ぞ	ぞ	ぞ	ぞ	ぞ	ぞ	ぞ
조[zo]							

● 단어 연습

- ざんねん 유감, 억울함(残念) / ざっし 잡지(雑誌) / ざいりょう 재료(材料)
- じ 글자(字) / じかん 시간(時間) / じぶん 자신(自分) / じゆう 자유(自由)
- みず 물(水) / すずしい 시원하다 / みずうみ 호수(湖)
- ぜんぜん 전혀(全然) / ぜひ 부디, 제발, 꼭 / ぜんぶ 전부(全部)
- かぞく 가족(家族) / ぞう 코끼리(象) / のぞみ 희망, 기대

だ行

だ	ぢ	づ	で	ど
다[da]	지[dsi]	즈[dsu]	데[de]	도[do]

だ 「だ」는 우리말의 「다」에 가까운 발음으로 영어 로마자 표기는 [da]입니다.
단어의 중간이나 끝에 올 경우 발음할 때는 목구멍이 울리도록 하면서 발음합니다.

ぢ 「ぢ」는 우리말의 「지」에 가까운 발음으로 영어 로마자 표기는 [dsi]입니다.
단어의 중간이나 끝에 올 경우 발음할 때는 목구멍이 울리도록 하면서 발음합니다.

づ 「づ」는 우리말의 「즈」에 가까운 발음으로 영어 로마자 표기는 [dsu]입니다.
단어의 중간이나 끝에 올 경우 발음할 때는 목구멍이 울리도록 하면서 발음합니다.

で 「で」는 우리말의 「데」에 가까운 발음으로 영어 로마자 표기는 [de]입니다.
단어의 중간이나 끝에 올 경우 발음할 때는 목구멍이 울리도록 하면서 발음합니다.

ど 「ど」는 우리말의 「도」에 가까운 발음으로 영어 로마자 표기는 [do]입니다.
단어의 중간이나 끝에 올 경우 발음할 때는 목구멍이 울리도록 하면서 발음합니다.

だ

だ だ だ だ だ だ だ
だ だ だ だ だ だ だ

다[da]

ぢ

ぢ ぢ ぢ ぢ ぢ ぢ ぢ
ぢ ぢ ぢ ぢ ぢ ぢ ぢ

지[dsi]

づ

づ づ づ づ づ づ づ
づ づ づ づ づ づ づ

즈[dsu]

	で	で	で	で	で	で	で
で	で	で	で	で	で	で	で
데[de]							

	ど	ど	ど	ど	ど	ど	ど
ど	ど	ど	ど	ど	ど	ど	ど
도[do]							

● 단어 연습

- だいがく 대학(大学) / だいどころ 부엌(台所) / だんだん 점점, 더
- ざっし 잡지(雑誌) / ちぢれげ 곱슬머리 / はなぢ 코피
- つづく 계속되다 / こづつみ 소포(小包)
- でんわ 전화(電話) / でんき 전기(電気) / できる 가능하다
- うんどう 운동(運動) / どうろ 도로(道路) / どうぶつ 동물(動物)

ば行

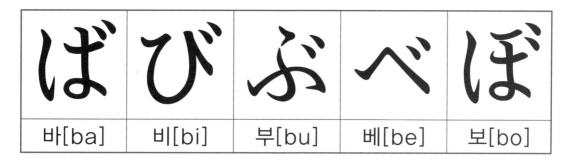

ば	び	ぶ	べ	ぼ
바[ba]	비[bi]	부[bu]	베[be]	보[bo]

ば 「ば」는 우리말의 「바」에 가까운 발음으로 영어 로마자 표기는 [ba]입니다.
단어의 중간이나 끝에 올 경우 발음할 때는 목구멍이 울리도록 하면서 발음합니다.

び 「び」는 우리말의 「비」에 가까운 발음으로 영어 로마자 표기는 [bi]입니다.
단어의 중간이나 끝에 올 경우 발음할 때는 목구멍이 울리도록 하면서 발음합니다.

ぶ 「ぶ」는 우리말의 「부」에 가까운 발음으로 영어 로마자 표기는 [bu]입니다.
단어의 중간이나 끝에 올 경우 발음할 때는 목구멍이 울리도록 하면서 발음합니다.

べ 「べ」는 우리말의 「베」에 가까운 발음으로 영어 로마자 표기는 [be]입니다.
단어의 중간이나 끝에 올 경우 발음할 때는 목구멍이 울리도록 하면서 발음합니다.

ぼ 「ぼ」는 우리말의 「보」에 가까운 발음으로 영어 로마자 표기는 [bo]입니다.
단어의 중간이나 끝에 올 경우 발음할 때는 목구멍이 울리도록 하면서 발음합니다.

ば	ば	ば	ば	ば	ば	ば
ば	ば	ば	ば	ば	ば	ば

바[ba]

び	び	び	び	び	び	び
び	び	び	び	び	び	び

비[bi]

ぶ	ぶ	ぶ	ぶ	ぶ	ぶ	ぶ
ぶ	ぶ	ぶ	ぶ	ぶ	ぶ	ぶ

부[bu]

べ	べ	べ	べ	べ	べ	べ	べ
①②③			べ	べ	べ	べ	べ
베[be]							

②⑤⑥①③④	ぼ	ぼ	ぼ	ぼ	ぼ	ぼ	ぼ
ぼ	ぼ	ぼ	ぼ	ぼ	ぼ	ぼ	ぼ
보[bo]							

● 단어 연습

- ばんしゅう 늦가을(晩秋) / ばしょ 장소(場所) / ばら 장미(薔薇) / ばん 번, 순서(番)
- びょういん 병원(病院) / びよういん 미용실(美容院) / びじゅつ 미술(美術)
- ぶぶん 부분(部分) / ぶんか 문화(文化) / ぶっか 물가(物価)
- べつ 별도(別) / べんきょう 공부(勉強) / べんり 편리(便利)
- ぼうえき 무역(貿易) / ぼうし 모자(帽子) / ぼんさい 분재(盆栽)

반탁음(半濁音)

ぱ行

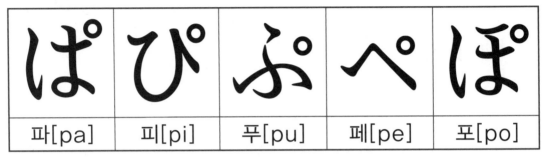

ぱ	ぴ	ぷ	ぺ	ぽ
파[pa]	피[pi]	푸[pu]	페[pe]	포[po]

- ぱ行은 청음 「は・ひ・ふ・へ・ほ」에 「°」이 붙은 것으로 반탁음은 이 ぱ行밖에 없습니다.
- ぱ行이 첫머리에 오는 경우는 대개 외래어, 의성어, 의태어입니다.

ぱ 「ぱ」는 우리말의 「파」와 「빠」의 중간 정도 발음으로 단어의 첫머리에 올 경우에는 「파」에 더욱 가까우며, 단어의 중간이나 끝에 올 경우에는 「빠」에 가깝게 발음합니다. 영어 로마자 표기는 [pa]입니다.

ぴ 「ぴ」는 우리말의 「피」와 「삐」의 중간 정도 발음으로 단어의 첫머리에 올 경우에는 「피」에 더욱 가까우며, 단어의 중간이나 끝에 올 경우에는 「삐」에 가깝게 발음합니다. 영어 로마자 표기는 [pi]입니다.

ぷ 「ぷ」는 우리말의 「푸」와 「뿌」의 중간 정도 발음으로 단어의 첫머리에 올 경우에는 「푸」에 더욱 가까우며, 단어의 중간이나 끝에 올 경우에는 「뿌」에 가깝게 발음합니다. 영어 로마자 표기는 [pu]입니다.

ぺ 「ぺ」는 우리말의 「페」와 「뻬」의 중간 정도 발음으로 단어의 첫머리에 올 경우에는 「페」에 더욱 가까우며, 단어의 중간이나 끝에 올 경우에는 「뻬」에 가깝게 발음합니다. 영어 로마자 표기는 [pe]입니다.

ぽ 「ぽ」는 우리말의 「포」와 「뽀」의 중간 정도 발음으로 단어의 첫머리에 올 경우에는 「포」에 더욱 가까우며, 단어의 중간이나 끝에 올 경우에는 「뽀」에 가깝게 발음합니다. 영어 로마자 표기는 [po]입니다.

ぱ	ぱ	ぱ	ぱ	ぱ	ぱ	ぱ
ぱ	ぱ	ぱ	ぱ	ぱ	ぱ	ぱ

파[pa]

| | | | | | | |

ぴ	ぴ	ぴ	ぴ	ぴ	ぴ	ぴ
ぴ	ぴ	ぴ	ぴ	ぴ	ぴ	ぴ

피[pi]

| | | | | | | |

ぷ	ぷ	ぷ	ぷ	ぷ	ぷ	ぷ
ぷ	ぷ	ぷ	ぷ	ぷ	ぷ	ぷ

푸[pu]

| | | | | | | |

		ペ	ペ	ペ	ペ	ペ	ペ	ペ
①②ペ		ペ	ペ	ペ	ペ	ペ	ペ	ペ
페[pe]								
①②③④⑤ぽ		ぽ	ぽ	ぽ	ぽ	ぽ	ぽ	ぽ
		ぽ	ぽ	ぽ	ぽ	ぽ	ぽ	ぽ
포[po]								

● 단어 연습

- ぱたぱた 쿵쿵(발 소리) / せんぱい 선배(先輩) / しんぱい 걱정(心配)
- ぴかぴか 번쩍번쩍 / えんぴつ 연필(鉛筆) / ぴったり (옷)잘 어울림
- きっぷ 표(切符) / なんぷん 몇분(何分) / てんぷら 튀김
- ぺたぺた 찰싹찰싹(때리는 소리) / ぺらぺら 줄줄, 술술(의태어)
- ぽかぽか 따뜻함, 훈훈함 / さんぽ 산책(散歩) / しっぽ 꼬리

촉음(促音)

- 「っ」은 청음 「つ」의 1/2 크기로 작게 써서 받침으로만 쓰입니다.
- 단어의 첫머리에 올 수 없으며, 뒤에 오는 글자가 어떤 글자냐에 따라 우리말의 「ㄱ · ㅅ · ㅂ · ㄷ」으로 발음됩니다.
- 「っ」도 그 자체가 하나의 글자이므로 1음절 길이와 같습니다. 따라서 앞 글자에 붙여서 발음하지만 약간 길게 발음한다는 느낌으로 발음해야 합니다.

▶ 「っ」을 우리말 「ㄱ」으로 발음하는 경우

「っ」다음에 「か · き · く · け · こ」인 か行 음이 오면 「ㄱ」으로 발음합니다.

がっこう 학교(学校) / けっこん 결혼(結婚) / しんがっき 신학기(新学期)

▶ 「っ」을 우리말 「ㅅ」으로 발음하는 경우

「っ」다음에 「さ · し · す · せ · そ」인 さ行의 글자가 오면 「ㅅ」으로 발음합니다.

ねっしん 열심(熱心) / いっしょ 함께 함(一緒) / きっさてん 다방(喫茶店)

▶ 「っ」을 우리말 「ㅂ」으로 발음하는 경우

「っ」다음에 「ぱ · ぴ · ぷ · ぺ · ぽ」인 ぱ行의 글자가 오면 「ㅂ」으로 발음합니다.

しゅっぱつ 출발(出発) / りっぱ 훌륭함(立派) / いっぴき 한 마리(一匹)

▶ 「っ」을 우리말 「ㄷ」으로 발음하는 경우

「っ」다음에 「た · ち · つ · て · と」인 た行의 글자가 오면 「ㄷ」으로 발음합니다.

おっと 남편(夫) / きって 수표(切手) / はったつ 발달(発達)

장음(長音)

- 장음이란 모음이 중복될 때 앞 글자의 발음을 길게 발음하는 것을 말합니다.
- 장음의 표기는 히라가나에서는 あ行(あ・い・う・え・お)을 삽입하여 표기하지만 가타카나에서는 「ー」을 삽입하여 표기합니다.
- 일본어의 장음은 「あ段」에는 「あ」, 「い段」에는 「い」, 「う段」에는 「う」, 「え段」에는「え」 또는 「い」, 「お段」에는「お」 또는 「う」를 각각 덧붙여 표기합니다.

あ 「あ段」에 모음인 「あ」가 이어질 경우 뒤의 모음인 「あ」는 장음이 됩니다.
예) ● おばあさん[오바-상] 할머니
   ● おかあさん[오까-상] 어머니

い 「い段」에 모음인 「い」가 이어질 경우 뒤의 모음인 「い」는 장음이 됩니다.
예) ● おじいさん[오지-상] 할아버지
   ● おにいさん[오니-상] 형님

う 「う段」에 모음인 「う」가 이어질 경우 뒤의 모음인 「う」는 장음이 됩니다.
예) ● ゆうき[유-끼] 용기
   ● くうき[구-끼] 공기

え 「え段」에 모음인 「え」나 「い」가 이어질 경우 뒤의 모음인 「え・い」는 장음이 됩니다.
예) ● めいし[메-시] 명함
   ● えいが[에-가] 영화

お 「お段」에 모음인 「お」나 「う」가 이어질 경우 뒤의 모음인 「お・う」는 장음이 됩니다.
예) ● おとうさん[오또-상] 아버지
   ● こおり[고-리] 얼음

일본어는 발음의 장단(長短)에 따라 그 의미가 달라지는 경우가 있으므로 주의해야 합니다.
▶ おばあさん[오바-상] 할머니 / おばさん[오바상] 아주머니
▶ おじいさん[오지-상] 할아버지 / おじさん[오지상] 아저씨
▶ ゆうき[유-끼] 용기 / ゆき[유끼] 눈
▶ めいし[메-시] 명함 / めし[메시] 밥
▶ こうこう[코-꼬-] 고등학교 / ここ[코꼬] 여기

요음(拗音)

きゃ	きゅ	きょ
캬,꺄[kya]	큐,뀨[kyu]	쿄,꾜[kyo]

- 오십음도 각 자음의 「い」단(き・し・ち・に・ひ・み・り・ぎ・じ・び・ぴ)에 반모음인 「や・ゆ・よ」를 작게 써서 한 음절로 발음 하는 글자를 요음이라고 합니다. 이 때 작은 글자로 표기한 「や・ゆ・よ」는 한글의 「ㅑ・ㅠ・ㅛ」와 같은 모음 역할을 하게 됩니다. 즉 「き」에 「や」가 작은 글자로 붙으면 「きゃ」가 되고, 「캬」라고 발음합니다.
- 전체가 한 음절의 길이입니다. 따라서 단어의 첫머리에 올 때 빨리 발음하지 않으면 우리말 습관으로 인해 장음화되기 쉬우므로 주의해야 합니다.

きゃ 우리말의 「캬」와 「갸」의 중간 정도 발음으로 영어 로마자 표기는 [kya]입니다.
단어의 첫머리에 올 때는 「캬」로 발음하지만 단어의 중간이나 끝에서는 「꺄」로 발음합니다.

きゅ 우리말의 「큐」와 「규」의 중간 정도 발음으로 영어 로마자 표기는 [kyu]입니다.
단어의 첫머리에 올 때는 「큐」로 발음하지만 단어의 중간이나 끝에서는 「뀨」로 발음합니다.

きょ 우리말의 「쿄」와 「교」의 중간 정도 발음으로 영어 로마자 표기는 [kyo]입니다.
단어의 첫머리에 올 때는 「쿄」로 발음하지만 단어의 중간이나 끝에서는 「꾜」로 발음합니다.

きゃ	きゃ	きゅ	きゅ	きょ	きょ
きゃ	きゃ	きゅ	きゅ	きょ	きょ

● 단어 연습

- きゃく 손님(客) / ぼうきゃく 망각(忘却) / ばいきゃく 매각(売却)
- きゅう 위급(急) / きゅうしょく 급식(給食) / けんきゅう 연구(研究)
- きょうだい 형제(兄弟) / きょういく 교육(教育) / きょうぎ 경기(競技)

しゃ	しゅ	しょ
샤[sya]	슈[syu]	쇼[syo]

しゃ 우리말의 「샤」에 가까운 발음으로 영어 로마자 표기는 [sya] 또는 [sha]입니다.

しゅ 우리말의 「슈」에 가까운 발음으로 영어 로마자 표기는 [syu] 또는 [shu]입니다.

しょ 우리말의 「쇼」에 가까운 발음으로 영어 로마자 표기는 [syo] 또는 [sho]입니다.

しゃ	しゃ	しゅ	しゅ	しょ	しょ
しゃ	しゃ	しゅ	しゅ	しょ	しょ

● 단어 연습

- いしゃ 의사(医者) / かいしゃ 회사(会社) / しゃしん 사진(写真) / でんしゃ 전차(電車)
- しゅふ 주부(主婦) / しゅみ 취미(趣味) / ゆしゅつ 수출(輸出) / しゅうり 수리(修理)
- じしょ 사전(辞書) / しょくどう 식당(食堂) / しょうかい 소개(紹介)

ちゃ	ちゅ	ちょ
챠,쨔[cya]	츄,쮸[cyu]	쵸, 쬬 [cyo]

단어의 첫머리에 올 때는 「챠 · 츄 · 쵸」로 발음하지만 단어의 중간이나 끝에서는 「쨔 · 쮸 · 쬬」
로 발음합니다.

ちゃ 우리말의 「챠」에 가까운 발음으로 영어 로마자 표기는 [cya] 또는 [cha]입니다.

ちゅ 우리말의 「츄」에 가까운 발음으로 영어 로마자 표기는 [cyu] 또는 [chu]입니다.

ちょ 우리말의 「쵸」에 가까운 발음으로 영어 로마자 표기는 [cyo] 또는 [cho]입니다.

ちゃ	ちゃ	ちゅ	ちゅ	ちょ	ちょ
ちゃ	ちゃ	ちゅ	ちゅ	ちょ	ちょ

● **단어 연습**

- おもちゃ 장난감(玩具) / こうちゃ 홍차(紅茶) / ちゃしつ 다실(茶室)
- ちゅうい 주의(注意) / ちゅうしゃ 주사(注射) / ちゅうし 중지(中止)
- てちょう 수첩(手帖) / ちょうそ 조소(彫塑) / しんちょう 키, 신장(身長)

にゃ	にゅ	によ
냐[nya]	뉴[nyu]	뇨[nyo]

 우리말의 「냐」에 가까운 발음으로 영어 로마자 표기는 [nya]입니다.

にゅ 우리말의 「뉴」에 가까운 발음으로 영어 로마자 표기는 [nyu]입니다.

によ 우리말의 「뇨」에 가까운 발음으로 영어 로마자 표기는 [nyo]입니다.

にゃ	にゃ	にゅ	にゅ	によ	によ
にゃ	にゃ	にゅ	にゅ	によ	によ

● **단어 연습**

● にゅういん 입원(入院) / ゆにゅう 수입(輸入)

● にゅうじょうりょう 입장료(入場料)

● にょうぼう 처, 아내(女房) / にょう 소변(尿)

ひゃ	ひゅ	ひょ
햐[hya]	휴[hyu]	효[hyo]

ひゃ 우리말의 「햐」에 가까운 발음으로 영어 로마자 표기는 [hya]입니다.

ひゅ 우리말의 「휴」에 가까운 발음으로 영어 로마자 표기는 [hyu]입니다.

ひょ 우리말의 「효」에 가까운 발음으로 영어 로마자 표기는 [hyo]입니다.

ひゃ	ひゃ	ひゅ	ひゅ	ひょ	ひょ
ひゃ	ひゃ	ひゅ	ひゅ	ひょ	ひょ

● **단어 연습**

- ごじゅっぽひゃっぽ 오십보백보(五十歩百歩) / ひゃく (조수사)백(百)
- だいひょう 대표(代表) / ひょうげん 표현(表現)

먀[mya]	뮤[myu]	묘[myo]

みゃ 우리말의 「먀」에 가까운 발음으로 영어 로마자 표기는 [mya]입니다.

みゅ 우리말의 「뮤」에 가까운 발음으로 영어 로마자 표기는 [myu]입니다.

みょ 우리말의 「묘」에 가까운 발음으로 영어 로마자 표기는 [myo]입니다.

みゃ	みゃ	みゅ	みゅ	みょ	みょ
みゃ	みゃ	みゅ	みゅ	みょ	みょ

● **단어 연습**

● みゃく 맥, 맥박(脈) / さんみゃく 산맥(山脈)

● みょうぎ 묘기(妙技) / みょうじ 성(姓)

● みょうにち 내일(明日)

りゃ	りゅ	りょ
랴[rya]	류[ryu]	료[ryo]

りゃ 우리말의 「랴」에 가까운 발음으로 영어 로마자 표기는 [rya]입니다.

りゅ 우리말의 「류」에 가까운 발음으로 영어 로마자 표기는 [ryu]입니다.

りょ 우리말의 「료」에 가까운 발음으로 영어 로마자 표기는 [ryo]입니다.

りゃ	りゃ	りゅ	りゅ	りょ	りょ
りゃ	りゃ	りゅ	りゅ	りょ	りょ

● **단어 연습**

● せんりゃく 전략(戦略) / りゃくじ 약자(略字)

● こくさいこうりゅう 국제교류(国際交流) / りゅう 용(竜)

● りょこう 여행(旅行) / ざいりょう 재료(材料) / どりょく 노력(努力)

갸[gya]	규[gyu]	교[gyo]

ぎゃ 우리말의「갸」에 가까운 발음으로 영어 로마자 표기는 [gya]입니다.

ぎゅ 우리말의「규」에 가까운 발음으로 영어 로마자 표기는 [gyu]입니다.

ぎょ 우리말의「교」에 가까운 발음으로 영어 로마자 표기는 [gyo]입니다.

ぎゃ	ぎゃ	ぎゅ	ぎゅ	ぎょ	ぎょ
ぎゃ	ぎゃ	ぎゅ	ぎゅ	ぎょ	ぎょ

● 단어 연습

- ぎゃく 반대, 거꾸로(逆) / ぎゃくしゅう 역습(逆襲)
- ぎゅうにゅう 우유(牛乳) / ぎゅうにく 쇠고기(牛肉)
- そつぎょう 졸업(卒業) / さんぎょう 산업(産業)
- にんぎょう 인형(人形)

じゃ		じゅ		じょ	
쟈[zya]		쥬[zyu]		죠[zyo]	

じゃ 우리말의 「쟈」에 가까운 발음으로 영어 로마자 표기는 [zya]입니다.

じゅ 우리말의 「쥬」에 가까운 발음으로 영어 로마자 표기는 [zyu]입니다.

じょ 우리말의 「죠」에 가까운 발음으로 영어 로마자 표기는 [zyo]입니다.

じゃ	じゃ	じゅ	じゅ	じょ	じょ
じゃ	じゃ	じゅ	じゅ	じょ	じょ

● 단어 연습

- かんじゃ 환자(患者) / じゃま 방해, 장애(邪魔) / じゃくしゃ 약자(弱者)
- ぎじゅつ 기술(技術) / じゅうしょ 주소(住所) / じゅうよう 중요(重要)
- うんどうじょう 운동장(運動場) / こうじょう 공장(工場) / じょせい 여성(女性)

ぢゃ	ぢゅ	ぢょ
쟈[ja]	쥬[ju]	죠[jo]

「じゃ・じゅ・じょ」와 동일하게 발음하지만 현대어에서는 자주 쓰이지 않습니다.

ぢゃ　우리말의 「쟈」에 가까운 발음으로 영어 로마자 표기는 [ja]입니다.

ぢゅ　우리말의 「쥬」에 가까운 발음으로 영어 로마자 표기는 [ju]입니다.

ぢょ　우리말의 「죠」에 가까운 발음으로 영어 로마자 표기는 [jo]입니다.

ぢゃ	ぢゃ	ぢゅ	ぢゅ	ぢょ	ぢょ
ぢゃ	ぢゃ	ぢゅ	ぢゅ	ぢょ	ぢょ

びゃ	びゅ	びょ
뱌[bya]	뷰[byu]	뵤[byo]

 우리말의 「뱌」에 가까운 발음으로 영어 로마자 표기는 [bya]입니다.

 우리말의 「뷰」에 가까운 발음으로 영어 로마자 표기는 [byu]입니다.

 우리말의 「뵤」에 가까운 발음으로 영어 로마자 표기는 [byo]입니다.

びゃ	びゃ	びゅ	びゅ	びょ	びょ
びゃ	びゃ	びゅ	びゅ	びょ	びょ

● **단어 연습**

● さんびゃく 삼백(三百)

● びょういん 병원(病院) / びょうき 병(病気)

82

		ぴょ
퍄[pya]	퓨[pyu]	표[pyo]

단어의 첫머리에 올 때는 「퍄 · 퓨 · 표」로 발음하지만 단어의 중간이나 끝에서는 「뺘 · 쀼 · 뾰」로 발음합니다.

ぴゃ 우리말의 「퍄」에 가까운 발음으로 영어 로마자 표기는 [pya]입니다.

ぴゅ 우리말의 「퓨」에 가까운 발음으로 영어 로마자 표기는 [pyu]입니다.

ぴょ 우리말의 「표」에 가까운 발음으로 영어 로마자 표기는 [pyo]입니다.

ぴゃ	ぴゃ	ぴゅ	ぴゅ	ぴょ	ぴょ
ぴゃ	ぴゃ	ぴゅ	ぴゅ	ぴょ	ぴょ

● 단어 연습

- ろっぴゃく 600(六百) / はっぴゃく 800(八百)
- ぴょんぴょん 깡총깡총(의태어) / ねんぴょう 연표(年表)
- はっぴょう 발표(発表)

2 부
가타카나 익히기

청음(清音)

발음(撥音)

탁음(濁音)

반탁음(半濁音)

촉음(促音)

요음(拗音)

청음(清音)

ア行

ア	イ	ウ	エ	オ
아[a]	이[i]	우[u]	에[e]	오[o]

일본어의 모음. 일본어의 모음은「ア・イ・ウ・エ・オ」다섯 가지밖에 없습니다.

ア 字源 : 「ア」는 < 언덕 아(阿) >자의 왼쪽 부분을 따서 만든 글자입니다.
　　 發音 : 우리말의 「아」에 가까운 발음으로 영어 로마자 표기는 [a]입니다.
　　　　　 발음할 때는 입을 크게 벌리고 목구멍 안쪽에서부터 숨을 내뱉듯 소리를 냅니다.

イ 字源 : 「イ」는 < 저 이(伊) >자의 왼쪽 부분을 따서 만든 글자입니다.
　　 發音 : 우리말의 「이」에 가까운 발음으로 영어 로마자 표기는 [i]입니다.
　　　　　 발음할 때는 우리말의 「이」보다 좀더 입술 양끝을 옆으로 벌려서 소리를 냅니다.

ウ 字源 : 「ウ」는 < 집 우(宇) >자의 머리 부분을 따서 만든 글자입니다.
　　 發音 : 우리말의 「우」와 「으」의 중간 정도 발음으로 대체로 「우」에 더욱 가까우며, 영어 로마자 표기는 [u]입니다.
　　　　　 발음할 때는 우리말의 「으」를 발음하는 입 모양에서 입술에 힘을 빼고 「우」를 발음합니다. 입술이 너무 앞으로 튀어나오지 않도록 해야 합니다.

エ 字源 : 「エ」는 < 물이름 강(江) >자의 오른쪽 부분을 따서 만든 글자입니다.
　　 發音 : 우리말의 「에」와 「애」의 중간 정도 발음으로 대체로 「에」에 더욱 가까우며, 영어 로마자 표기는 [e]입니다.
　　　　　 발음할 때는 입을 반쯤 벌리고 약간 강하고 짧게 소리를 냅니다.

オ 字源 : 「オ」는 < 어조사 어(於) >자의 왼쪽 부분을 따서 만든 글자입니다.
　　 發音 : 우리말의 「오」에 가까운 발음으로 영어 로마자 표기는 [o]입니다.
　　　　　 발음할 때는 우리말의 「오」보다 약간 입을 넓게 벌리고 입술을 앞으로 내미는 듯 하면서 짧게 소리를 냅니다.

ア	① → ②	ア	ア	ア	ア	ア	ア	ア
		ア	ア	ア	ア	ア	ア	ア
아[a]								

イ	① ②	イ	イ	イ	イ	イ	イ	イ
		イ	イ	イ	イ	イ	イ	イ
이[i]								

ウ	① ② ③	ウ	ウ	ウ	ウ	ウ	ウ	ウ
		ウ	ウ	ウ	ウ	ウ	ウ	ウ
우[u]								

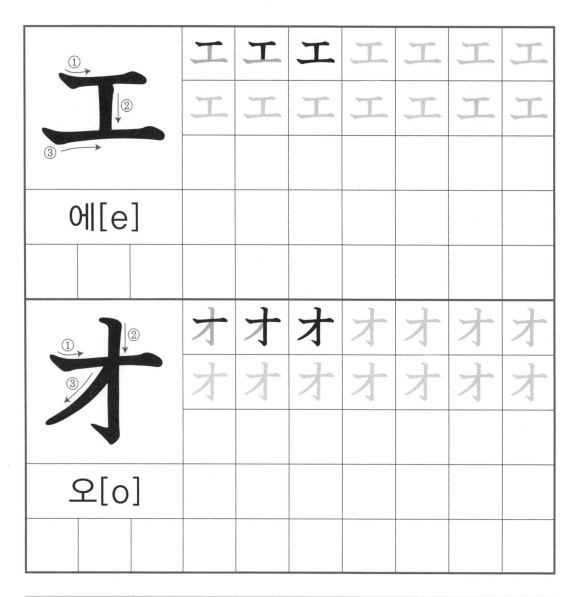

	エ	エ	エ	エ	エ	エ	エ
	エ	エ	エ	エ	エ	エ	エ
에[e]							

	オ	オ	オ	オ	オ	オ	オ
	オ	オ	オ	オ	オ	オ	オ
오[o]							

● 단어 연습

- アイス 얼음(ice) / アルバイト 아르바이트(arbeit) / アクセント 액센트(accent)

- イギリス 영국(England) / イメジ 이미지(image) / イエス 예스(yes)

- ウインター 겨울(winter) / ウインク 윙크(wink) / ウイスキー 위스키(whisky)

- エロチック 에로틱(erotic) / エア 공기(air) / エラー 에러(error)

- ラジオ 라디오(radio) / オープン 오픈(open) / オイル 오일(oil)

ア	イ	ウ	エ	オ	ア	イ	ウ	エ	オ
ア	イ	ウ	エ	オ	ア	イ	ウ	エ	オ
ア	イ	ウ	エ	オ	ア	イ	ウ	エ	オ

カ行

カ	キ	ク	ケ	コ
카[ka]	키[ki]	쿠[ku]	케[ke]	코[ko]

초보자가 틀리기 쉬운 발음으로, 우리말의 「ㄱ」과 영어 「k」의 중간음에 가깝다고 볼 수 있는데, 단어의 첫머리에 올 때는 「ㄱ」과 「ㅋ」의 중간음에 가깝게, 단어의 중간이나 끝에 올 때는 「ㄲ」쪽으로 발음되는 경우가 많습니다.

カ 字 源 : 「カ」는 < 더할 가(加) >자의 왼쪽 부분을 따서 만든 글자입니다.
發 音 : 우리말의 「카」와 「가」의 중간 정도 발음으로 단어의 중간이나 끝에 올 때, 의문조사로 쓰일 때는 「까」에 가까운 발음이 납니다. 영어 로마자 표기는 [ka]입니다.

キ 字 源 : 「キ」는 < 몇 기(幾) >자의 가운데 부분을 따서 만든 글자입니다.
發 音 : 우리말의 「키」와 「기」의 중간 정도 발음으로 단어의 중간이나 끝에 올 때는 「끼」에 가까운 발음이 납니다. 영어 로마자 표기는 [ki]입니다.

ク 字 源 : 「ク」는 < 오랠 구(久) >자의 왼쪽 부분을 따서 만든 글자입니다.
發 音 : 우리말의 「쿠」와 「구」의 중간 정도 발음으로 단어의 중간이나 끝에 올 때는 「꾸」에 가까운 발음이 납니다. 영어 로마자 표기는 [ku]입니다.

ケ 字 源 : 「ケ」는 < 끼일 개(介) >자의 왼쪽 아래의 한 획을 없애고 만든 글자입니다.
發 音 : 우리말의 「케」와 「게」의 중간 정도 발음으로 단어의 중간이나 끝에 올 때는 「께」에 가까운 발음이 납니다. 영어 로마자 표기는 [ke]입니다.

コ 字 源 : 「コ」는 < 몸 기(己) >자의 왼쪽 부분을 따서 만든 글자입니다.
發 音 : 우리말의 「코」와 「고」의 중간 정도 발음으로 단어의 중간이나 끝에 올 때는 「꼬」에 가까운 발음이 납니다. 영어 로마자 표기는 [ko]입니다.

カ	カ	カ	カ	カ	カ	カ	カ
① → ② ↓	カ	カ	カ	カ	カ	カ	カ
カ[ka]							

キ	キ	キ	キ	キ	キ	キ	キ
① → ③ ② →	キ	キ	キ	キ	キ	キ	キ
키[ki]							

ク	ク	ク	ク	ク	ク	ク	ク
① ②	ク	ク	ク	ク	ク	ク	ク
쿠[ku]							

	ケ	ケ	ケ	ケ	ケ	ケ	ケ
	ケ	ケ	ケ	ケ	ケ	ケ	ケ

케[ke]

	コ	コ	コ	コ	コ	コ	コ
	コ	コ	コ	コ	コ	コ	コ

코[ko]

● 단어 연습

- カメラ 카메라(camera) / スカーフ 스카프(scarf) / カット 컷(cut) / カー 차(car)
- キロ kg(kilogram) / キネマ 키네마(kinema) / キー 열쇠(key) / ケーキ 케이크(cake)
- クラス 학급(class) / クール 쿨(cool) / パンク 펑크(punk)
- ケーキ 케이크(cake) / ケース 상자(case) / カラオケ 가라오케
- コーヒー 커피(coffee) / コンピューター 컴퓨터(computer)

カ	キ	ク	ケ	コ	カ	キ	ク	ケ	コ
カ	キ	ク	ケ	コ	カ	キ	ク	ケ	コ
カ	キ	ク	ケ	コ	カ	キ	ク	ケ	コ

サ行

サ	シ	ス	セ	ソ
사[sa]	시[si]	스[su]	세[se]	소[so]

サ 字 源 : 「サ」는 < 헤어질 산(散) >자의 왼쪽 머리 부분을 따서 만든 글자입니다.
發 音 : 우리말의 「사」에 가까운 발음으로 영어 로마자 표기는 [sa]입니다.

シ 字 源 : 「シ」는 < 갈 지(之) >자의 3획을 변형해서 만든 글자입니다.
發 音 : 우리말의 「시」에 가까운 발음으로 영어 로마자 표기는 [si]입니다.

ス 字 源 : 「ス」는 < 수염 수(須) >자의 오른쪽 일부분을 따서 만든 글자입니다.
發 音 : 우리말의 「스」와 「수」의 중간 정도 발음으로 대체로 「스」에 가까운 발음이 납니다. 영어 로마자 표기는 [su]입니다.

セ 字 源 : 「セ」는 < 인간 세(世) >자의 왼쪽 일부분을 따서 만든 글자입니다.
發 音 : 우리말의 「세」에 가까운 발음으로 영어 로마자 표기는 [se]입니다.

ソ 字 源 : 「ソ」는 < 일찍 증(曾) >자의 머리 부분을 따서 만든 글자입니다.
發 音 : 우리말의 「소」에 가까운 발음으로 영어 로마자 표기는 [so]입니다.

サ	サ	サ	サ	サ	サ	サ	サ
	サ	サ	サ	サ	サ	サ	サ
サ[sa]							
シ	シ	シ	シ	シ	シ	シ	シ
	シ	シ	シ	シ	シ	シ	シ
シ[si]							
ス	ス	ス	ス	ス	ス	ス	ス
	ス	ス	ス	ス	ス	ス	ス
스[su]							

	セ	セ	セ	セ	セ	セ	セ	セ
セ		セ	セ	セ	セ	セ	セ	セ
① → ②								
세[se]								
	ソ	ソ	ソ	ソ	ソ	ソ	ソ	ソ
ソ		ソ	ソ	ソ	ソ	ソ	ソ	ソ
① ②								
소[so]								

● 단어 연습

- サッカー 축구(soccer) / サイン 사인(sign) / サービス 서비스(service)
- シネマ 시네마(cinema) / シート 좌석(seat) / シーエム 광고(CM)
- スマート 스마트(smart) / スポーツ 스포츠(sports) / スキー 스키(ski)
- センチ cm(centimeter) / セール 세일(sale) / セクシー 섹시(sexy)
- ソウル 서울(Seoul) / ソロ 솔로(solo) / ソース 소스(sauce)

サ	シ	ス	セ	ソ	サ	シ	ス	セ	ソ
サ	シ	ス	セ	ソ	サ	シ	ス	セ	ソ
サ	シ	ス	セ	ソ	サ	シ	ス	セ	ソ

夕行

タ	チ	ツ	テ	ト
타[ta]	치[chi]	츠[tsu]	테[te]	토[to]

「た」행은 한국인에게 가장 어려운 발음 중의 하나입니다. 그 중에서도 「チ, ツ」음은 우리말에 없는 발음이므로 특히 발음에 신경써야 합니다.

タ
字源 : 「夕」는 < 많을 다(多) >자의 머리 부분을 따서 만든 글자입니다.
發音 : 우리말의 「타」와 「다」의 중간 정도 발음으로 대체로 「타」에 가까우며 단어의 중간이나 끝에 올 때는 「따」에 가까운 발음이 납니다. 영어 로마자 표기는 [ta]입니다.

チ
字源 : 「チ」는 < 일천 천(千) >자를 본떠서 만든 글자입니다.
發音 : 우리말의 「치」에 가까우며 발음할때 시작음을 약하게 발음합니다. 단어의 중간이나 끝에 올 때는 「찌」에 가까운 발음이 납니다. 영어 로마자 표기는 [chi]입니다.

ツ
字源 : 「ツ」는 < 내 천(川) >자를 변형해서 만든 글자입니다.
發音 : 우리말의 「쯔, 쓰, 츠」의 복합적인 발음으로 「쓰」의 입 모양에서 「쯔」를 발음하면 가장 비슷하다고 봅니다. 단어의 중간이나 끝에 올 때는 「쯔」에 가까운 발음이 납니다. 영어 로마자 표기는 [tsu]입니다.

テ
字源 : 「テ」는 < 하늘 천(天) >자의 왼쪽 일부분을 따서 만든 글자입니다.
發音 : 우리말의 「테」와 「데」의 중간 정도 발음으로 대체로 「테」에 가까우며, 단어의 중간이나 끝에 올 때는 「떼」에 가까운 발음이 납니다. 영어 로마자 표기는 [te]입니다.

ト
字源 : 「ト」는 < 그칠 지(止) >자의 오른쪽 머리 부분을 따서 만든 글자입니다.
發音 : 우리말의 「토」와 「도」의 중간 정도 발음으로 대체로 「토」에 가까우며, 단어의 중간이나 끝에 올 때는 「또」에 가까운 발음이 납니다. 영어 로마자 표기는 [to]입니다.

	タ	タ	タ	タ	タ	タ	タ
① ② ③ タ	タ	タ	タ	タ	タ	タ	タ
타[ta]							

	チ	チ	チ	チ	チ	チ	チ
① ② ③ 千	チ	チ	チ	チ	チ	チ	チ
치[chi]							

	ツ	ツ	ツ	ツ	ツ	ツ	ツ
① ② ③ ツ	ツ	ツ	ツ	ツ	ツ	ツ	ツ
츠[tsu]							

	テ	テ	テ	テ	テ	テ	テ	テ
① ② ③ テ	テ	テ	テ	テ	テ	テ	テ	
테[te]								
	ト	ト	ト	ト	ト	ト	ト	ト
① ② ト	ト	ト	ト	ト	ト	ト	ト	
토[to]								

● 단어 연습

● タクシー 택시(taxi) / タレント 탤런트(talent) / タイム 시간(time)

● チョコレート 초콜릿(chocolate) / チェック 확인(check) / チーム 팀(team)

● ツイン 트윈(twin) / ツアー 투어(tour) / ツルツル 반들반들한 모양

● テニス 테니스(tennis) / テーブル 탁자(table) / テレビ TV(TV)

● トータル 합계(total) / トースト 토스트(toast)

タ	チ	ツ	テ	ト	タ	チ	ツ	テ	ト
タ	チ	ツ	テ	ト	タ	チ	ツ	テ	ト
タ	チ	ツ	テ	ト	タ	チ	ツ	テ	ト

ナ行

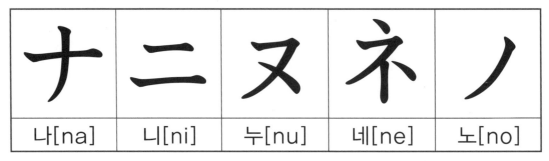

ナ	ニ	ヌ	ネ	ノ
나[na]	니[ni]	누[nu]	네[ne]	노[no]

ナ 字源 : 「ナ」는 < 어찌 나(奈) >자의 머리 왼쪽 부분을 따서 만든 글자입니다.
發音 : 우리말의 「나」에 가까운 발음으로 영어 로마자 표기는 [na]입니다.

ニ 字源 : 「ニ」는 < 두 이(二) >자를 본떠서 만든 글자입니다.
發音 : 우리말의 「니」에 가까운 발음으로 영어 로마자 표기는 [ni]입니다.

ヌ 字源 : 「ヌ」는 < 종 노(奴) >자의 오른쪽 부분을 따서 만든 글자입니다.
發音 : 우리말의 「누」와 「느」의 중간 정도 발음으로 대체로 「누」에 가까운 발음이 납니다. 영어 로마자 표기는 [nu]입니다.

ネ 字源 : 「ネ」는 < 일컬을 칭(称) >자의 왼쪽 부분을 따서 만든 글자입니다.
發音 : 우리말의 「네」에 가까운 발음으로 영어 로마자 표기는 [ne]입니다.

ノ 字源 : 「ノ」는 < 이에 내(乃) >자의 왼쪽 일부분을 따서 만든 글자입니다.
發音 : 우리말의 「노」에 가까운 발음으로 영어 로마자 표기는 [no]입니다.

ナ	ナ	ナ	ナ	ナ	ナ	ナ	ナ
	ナ	ナ	ナ	ナ	ナ	ナ	ナ

나[na]

二	二	二	二	二	二	二	二
	二	二	二	二	二	二	二

니[ni]

ヌ	ヌ	ヌ	ヌ	ヌ	ヌ	ヌ	ヌ
	ヌ	ヌ	ヌ	ヌ	ヌ	ヌ	ヌ

누[nu]

ネ	ネ	ネ	ネ	ネ	ネ	ネ	ネ
	ネ	ネ	ネ	ネ	ネ	ネ	ネ
네[ne]							

ノ	ノ	ノ	ノ	ノ	ノ	ノ	ノ
	ノ	ノ	ノ	ノ	ノ	ノ	ノ
노[no]							

● 단어 연습

- ナース 간호사(nurse) / ナイフ 나이프(knife) / ナイト 밤(night)
- ニュース 뉴스(news) / ニコチン 니코틴(nicotine) / ニュアンス 뉘앙스(nuance)
- ヌード 누드(nude) / カヌー 카누(kanu) / ヤヌス 야누스(yanusu)
- ネクタイ 넥타이(necktie) / ネーム 이름(name) / ネット 그물(net)
- ノート 노트(note) / ノイズ 소음(noise) / ノー 노(no)

ナ	ニ	ヌ	ネ	ノ	ナ	ニ	ヌ	ネ	ノ
ナ	ニ	ヌ	ネ	ノ	ナ	ニ	ヌ	ネ	ノ
ナ	ニ	ヌ	ネ	ノ	ナ	ニ	ヌ	ネ	ノ

ハ行

ハ	ヒ	フ	ヘ	ホ
하[ha]	히[hi]	후[hu]	헤[he]	호[ho]

ハ
字源 : 「ハ」는 <여덟 팔(八) >자를 본떠서 만든 글자입니다.
發音 : 우리말의 「하」에 가까운 발음으로 너무 약하게 발음하지 않도록 주의해야 합니다.
영어 로마자 표기는 [ha]입니다.

ヒ
字源 : 「ヒ」는 <견줄 비(比) >자의 오른쪽 부분을 따서 만든 글자입니다.
發音 : 우리말의 「히」에 가까운 발음으로 영어 로마자 표기는 [hi]입니다.

フ
字源 : 「フ」는 <아닐 불(不) >자의 머리 일부분을 따서 만든 글자입니다.
發音 : 우리말의 「후」와 「흐」의 중간 정도 발음으로 대체로 「후」에 가까운 발음이 납니다. 영어 로마자 표기는 [hu]입니다.

ヘ
字源 : 「ヘ」는 <거느릴 부(部) >자의 오른쪽 일부분을 따서 만든 글자입니다.
發音 : 우리말의 「헤」에 가까운 발음으로 영어 로마자 표기는 [he]입니다.

ホ
字源 : 「ホ」는 <보존할 보(保) >자의 오른쪽 아래 부분을 따서 만든 글자입니다.
發音 : 우리말의 「호」에 가까운 발음으로 영어 로마자 표기는 [ho]입니다.

ハ	ハ	ハ	ハ	ハ	ハ	ハ	ハ
	ハ	ハ	ハ	ハ	ハ	ハ	ハ

하[ha]

ヒ	ヒ	ヒ	ヒ	ヒ	ヒ	ヒ	ヒ
	ヒ	ヒ	ヒ	ヒ	ヒ	ヒ	ヒ

히[hi]

フ	フ	フ	フ	フ	フ	フ	フ
	フ	フ	フ	フ	フ	フ	フ

후[hu]

	ヘ	ヘ	ヘ	ヘ	ヘ	ヘ	ヘ
① ヘ	ヘ	ヘ	ヘ	ヘ	ヘ	ヘ	
헤[he]							
	ホ	ホ	ホ	ホ	ホ	ホ	ホ
① ② ③ ④ ホ	ホ	ホ	ホ	ホ	ホ	ホ	ホ
호[ho]							

● 단어 연습

- ハネムーン 허니문(honeymoon) / ハウス 하우스(house) / ハート 하트(heart)
- ヒント 힌트(hint) / ヒーター 히터(hearter) / ヒーロー 영웅(hero)
- フリー 자유(free) / フロア 마루(floor) / フード 음식(food)
- ヘア 헤어(hair) / ヘッド 머리(head) / ヘルメット 헬멧(helmet)
- ホテル 호텔(hotel) / ホール 홀(hall) / ホーム 집(home)
- * 참고 : 「f」음은 「ファ·フィ·フ·フェ·フォ」로 씁니다.

    フォークダンス 포크댄스(folk dance) / フィルム 필름(film)

ハ	ヒ	フ	ヘ	ホ	ハ	ヒ	フ	ヘ	ホ
ハ	ヒ	フ	ヘ	ホ	ハ	ヒ	フ	ヘ	ホ
ハ	ヒ	フ	ヘ	ホ	ハ	ヒ	フ	ヘ	ホ

マ行

マ	ミ	ム	メ	モ
마[ma]	미[mi]	무[mu]	메[me]	모[mo]

マ 字 源 : 「マ」는 < 일만 만(万) >자를 본떠서 만든 글자입니다.
發 音 : 우리말의 「마」에 가까운 발음으로 영어 로마자 표기는 [ma]입니다.

ミ 字 源 : 「ミ」는 < 석 삼(三) >자를 본떠서 만든 글자입니다.
發 音 : 우리말의 「미」에 가까운 발음으로 영어 로마자 표기는 [mi]입니다.

ム 字 源 : 「ム」는 < 보리 모(牟) >자의 머리 부분을 따서 만든 글자입니다.
發 音 : 우리말의 「무」와 「므」의 중간 정도 발음으로 대체로 「무」에 가까운 발음이 납니다. 영어 로마자 표기는 [mu]입니다.

メ 字 源 : 「メ」는 < 계집 여(女) >자의 오른쪽 일부분을 따서 만든 글자입니다.
發 音 : 우리말의 「메」에 가까운 발음으로 영어 로마자 표기는 [me]입니다.

モ 字 源 : 「モ」는 < 털 모(毛) >자를 본떠서 만든 글자입니다.
發 音 : 우리말의 「모」에 가까운 발음으로 영어 로마자 표기는 [mo]입니다.

		マ	マ	マ	マ	マ	マ	マ
マ		マ	マ	マ	マ	マ	マ	マ
마[ma]								

		ミ	ミ	ミ	ミ	ミ	ミ	ミ
ミ		ミ	ミ	ミ	ミ	ミ	ミ	ミ
미[mi]								

		ム	ム	ム	ム	ム	ム	ム
ム		ム	ム	ム	ム	ム	ム	ム
무[mu]								

メ	メ	メ	メ	メ	メ	メ	メ
②↘ ①↙ メ	メ	メ	メ	メ	メ	メ	メ
메[me]							
モ	モ	モ	モ	モ	モ	モ	モ
①↘ ②→ ③↙ モ	モ	モ	モ	モ	モ	モ	モ
모[mo]							

● 단어 연습

- マラソン 마라톤(marathon) / マスク 마스크(mask) / ママ 엄마(mamma)
- ミルク 밀크(milk) / ミニ 미니(mini) / ミステーク 실수(mistake)
- ムービー 영화(movie) / ムード 분위기(mood)
- メモ 메모(memo) / メーカー 메이커(maker)
- モダン 모던(modern) / モーター 모터(motor)

マ	ミ	ム	メ	モ	マ	ミ	ム	メ	モ
マ	ミ	ム	メ	モ	マ	ミ	ム	メ	モ
マ	ミ	ム	メ	モ	マ	ミ	ム	メ	モ

ヤ行

ヤ		ユ		ヨ
야[ya]		유[yu]		요[yo]

ヤ 字源 : 「ヤ」는 <어조사 야(也)>자를 본떠서 만든 글자입니다.
發音 : 우리말 「야」에 가까운 발음의 반모음으로 발음할 때 입술이 너무 동그랗게 되지 않도록 주의해야 합니다. 영어 로마자 표기는 [ya]입니다.

ユ 字源 : 「ユ」는 <말미암을 유(由)>자의 가운데 일부분을 따서 만든 글자입니다.
發音 : 우리말 「유」에 가까운 발음의 반모음으로 발음할 때 입술을 앞으로 내밀지 않아야 합니다. 영어 로마자 표기는 [yu]입니다.

ヨ 字源 : 「ヨ」는 <더불 여(与)>자의 아래 일부분을 따서 만든 글자입니다.
發音 : 우리말 「요」에 가까운 발음의 반모음으로 발음할 때 「み」와 마찬가지로 입술을 앞으로 내밀지 않아야 합니다. 영어 로마자 표기는 [yo]입니다.

ヤ	ヤ	ヤ	ヤ	ヤ	ヤ	ヤ	ヤ
	ヤ	ヤ	ヤ	ヤ	ヤ	ヤ	ヤ
야[ya]							

ユ	ユ	ユ	ユ	ユ	ユ	ユ	ユ
	ユ	ユ	ユ	ユ	ユ	ユ	ユ
유[yu]							

ヨ	ヨ	ヨ	ヨ	ヨ	ヨ	ヨ	ヨ
	ヨ	ヨ	ヨ	ヨ	ヨ	ヨ	ヨ
요[yo]							

ラ行

ラ	リ	ル	レ	ロ
라[ra]	리[ri]	루[ru]	레[re]	로[ro]

우리말에서는 단어의 첫머리에 「r」음이 오지 않지만 일본어에서는 「r」음이 많이 사용됩니다.
첫머리라고 해서 「ㄴ」으로 발음하지 않도록 주의해야 합니다.

ラ 字源 : 「ラ」는 <어질 양(良)>자의 머리 오른쪽 일부분을 따서 만든 글자입니다.
發音 : 우리말의 「라」에 가까운 발음으로 영어 로마자 표기는 [ra]입니다.

リ 字源 : 「リ」는 <이로울 이(利)>자의 오른쪽 부분을 따서 만든 글자입니다.
發音 : 우리말의 「리」에 가까운 발음으로 영어 로마자 표기는 [ri]입니다.

ル 字源 : 「ル」는 <흐를 유(流)>자의 오른쪽 아래 일부분을 따서 만든 글자입니다.
發音 : 우리말의 「루」와 「르」의 중간 정도 발음으로 대체로 「루」에 가까운 발음이 납니다. 영어 로마자 표기는 [ru]입니다.

レ 字源 : 「レ」는 <예 예(礼)>자의 오른쪽 부분을 따서 만든 글자입니다.
發音 : 우리말의 「레」에 가까운 발음으로 영어 로마자 표기는 [re]입니다.

ロ 字源 : 「ロ」는 <음률 여(呂)>자의 머리 부분을 따서 만든 글자입니다.
發音 : 우리말의 「로」에 가까운 발음으로 영어 로마자 표기는 [ro]입니다.

116

ラ	ラ	ラ	ラ	ラ	ラ	ラ	ラ
	ラ	ラ	ラ	ラ	ラ	ラ	ラ

라[ra]

リ	リ	リ	リ	リ	リ	リ	リ
	リ	リ	リ	リ	リ	リ	リ

리[ri]

ル	ル	ル	ル	ル	ル	ル	ル
	ル	ル	ル	ル	ル	ル	ル

루[ru]

		レ	レ	レ	レ	レ	レ	レ
レ ①		レ	レ	レ	レ	レ	レ	レ
레[re]								
口 ② ① ③		口	口	口	口	口	口	口
		口	口	口	口	口	口	口
로[ro]								

● 단어 연습

- ラブ 사랑(love) / ライフ 생명(life) / ラスト 마지막(last) / ライオン 사자(lion)
- リボン 리본(ribbon) / リフト 승강기(lift) / リズム 리듬(rhythm)
- ルーム 룸(room) / ルール 규칙(rule) / ルート 뿌리, 근원(root)
- レストラン 레스토랑(restaurant) / レター 레터(letter)
- ロシア 러시아(Russia) / ロス 낭비(loss) / ロズ 장미(rose)

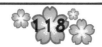

ラ	リ	ル	レ	ロ	ラ	リ	ル	レ	ロ
ラ	リ	ル	レ	ロ	ラ	リ	ル	レ	ロ
ラ	リ	ル	レ	ロ	ラ	リ	ル	レ	ロ

ワ行

ワ				ヲ
와[wa]				오[wo]

ワ
字源 : 「ワ」는 <화할 화(和)>자의 오른쪽 일부분을 따서 만든 글자입니다.
發音 : 우리말 「와」에 가까운 발음의 반모음으로 영어 로마자 표기는 [wa]입니다.

ヲ
字源 : 「ヲ」는 <그런가 호(乎)>자를 본떠서 만든 글자입니다.
發音 : 우리말의 「오」에 가까운 발음으로 「オ」와 발음이 같지만 우리말의 「~을(를)」에
해당하는 조사로만 쓰입니다. 영어 로마자 표기는 [wo]입니다.

	ワ	ワ	ワ	ワ	ワ	ワ	ワ
	ワ	ワ	ワ	ワ	ワ	ワ	ワ
와[wa]							

	ヲ	ヲ	ヲ	ヲ	ヲ	ヲ	ヲ
	ヲ	ヲ	ヲ	ヲ	ヲ	ヲ	ヲ
오[wo]							

● 단어 연습

- ワイン 와인(wine) / ワールド 월드(world) / ワーク 일(work)
- ワープロ 워드프로세서(wordprocessor) / ワイフ 아내(wife)

121

발음(撥音)

はつおん(하쯔옹)

ン 응[n,ng]

字 源 : 「ン」은 <없을 무(无) >자를 본떠서 만든 글자입니다.
發 音 : 「ン」은 받침으로 쓰이는 글자입니다. 따라서 단어의 첫머리에 올
　　　수 없으며, 다음에 오는 글자가 어떤 글자냐에 따라 우리말의
　　　「ㅁ·ㄴ·ㅇ·N字」음으로 발음됩니다. 통상적으로는 「응」으로
　　　읽습니다. 영어 로마자 표기는 [n, ng]입니다.
　　　「ン」도 그 자체가 하나의 글자이므로 1음절 길이와 같습니다. 따
　　　라서 앞 글자에 붙여서 발음하지만 약간 길게 발음한다는 느낌으
　　　로 발음해야 합니다.

①② ン	ン	ン	ン	ン	ン	ン	ン
	ン	ン	ン	ン	ン	ン	ン
응[n,ng]							

▶ 「ン」을 우리말 「ㅇ」으로 발음하는 경우 (여린 입천장 소리)

「ン」다음에 「カ・ガ」行의 글자가 오면 「ㅇ」으로 발음합니다.

モンキー 원숭이(monkey) / インキ 잉크(ink) / イングリッシュ 잉글리시(English)
アンコール 앙코르(encore) / ショッピング 쇼핑(shopping) / シングル 싱글(single)
パーキング 주차(parking) / ウエディング 웨딩(wedding)

▶ 「ン」을 우리말 「ㄴ」으로 발음하는 경우 (입천장 소리)

「ン」다음에 「サ・ザ・タ・ダ・ナ・ラ」行의 글자가 오면 「ㄴ」으로 발음합니다.

アナウンサー 아나운서(announcer) / プレゼント 선물(present) / ペンシル 펜슬(pencil)
フレンド 친구(friend) / サンドウィッチ 샌드위치(sandwich) / コンサート 콘서트(concert)
コンディション 컨디션(condition) / トンネル 터널(tunnel) / ロマンティク 로맨틱(romantic)

▶ 「ン」을 우리말 「ㅁ」으로 발음하는 경우 (입술 소리)

「ン」다음에 「マ・バ・パ」行의 글자가 오면 「ㅁ」으로 발음합니다.

コンピューター 컴퓨터(computer) / ハンバーグ 햄버그(hamburg) / サンプル 샘플(sample)
ペンパル 펜팔(penpal) / ピンポン 탁구(pingpong) / メンバー 멤버(member)
キャンパス 캠퍼스(campus) / ナンバー 넘버(number)

▶ 「N字」발음은 우리말 「ㅇ」과 「ㄴ」의 중간음으로 발음 (비음화된 중설모음)

「ン」다음에 모음, 반모음인 「ア・ヤ・ワ」行과 「ハ」行이 올 경우와 「ン」이 단어의 맨 끝에 올 경우에는 「ㅇ」과 「ㄴ」의 중간음 정도인 비음(콧소리)으로 발음합니다.

バーゲン 바겐세일(bargain) / パンフレット 팜플렛(pamphlet) / ワイン 와인(wine)
レストラン 레스토랑(restaurant) / リボン 리본(ribbon) / バイオリン 바이올린(violine)
サラリーマン 샐러리맨(salariedman) / インフレーション 인플레이션(inflation)
ペンギン 펭귄(penguin) / デザイン 디자인(design) / オープン 오픈(open)

탁음(濁音)

ガ行

ガ	ギ	グ	ゲ	ゴ
가[ga]	기[gi]	구[gu]	게[ge]	고[go]

● ガ行은 청음 「ガ・ギ・グ・ゲ・ゴ」에 탁점을 붙인 것으로 우리말의 「가・기・구・게・고」에 가까운 발음으로 목의 성대를 울려서 내는 발음입니다.

● 청음 「ガ・ギ・グ・ゲ・ゴ」처럼 단어의 중간이나 끝에 온다고 해서 「ㄲ」의 음으로 발음하지 않습니다. 청음은 비교적 강하게 발음하고, 탁음은 약하게 발음하는 것이 좋습니다.

● ガ行이 단어의 첫음이 아닌 중간 이하에 올 경우에는 비음(콧소리)이 되어 코가 울리면서 발음하기도 합니다.

ガ 「ガ」는 우리말의 「가」에 가까운 발음으로 영어 로마자 표기는 [ga]입니다.
발음할 때는 「가」 앞에 짧게 「으」를 넣어 발음하면 비교적 가깝습니다.

ギ 「ギ」는 우리말의 「기」에 가까운 발음으로 영어 로마자 표기는 [gi]입니다.
발음할 때는 「기」 앞에 짧게 「으」를 넣어 발음하면 비교적 가깝습니다.

グ 「グ」는 우리말의 「구」에 가까운 발음으로 영어 로마자 표기는 [gu]입니다.
발음할 때는 「구」 앞에 짧게 「으」를 넣어 발음하면 비교적 가깝습니다.

ゲ 「ゲ」는 우리말의 「게」에 가까운 발음으로 영어 로마자 표기는 [ge]입니다.
발음할 때는 「게」 앞에 짧게 「으」를 넣어 발음하면 비교적 가깝습니다.

ゴ 「ゴ」는 우리말의 「고」에 가까운 발음으로 영어 로마자 표기는 [go]입니다.
발음할 때는 「고」 앞에 짧게 「으」를 넣어 발음하면 비교적 가깝습니다.

ガ	ガ	ガ	ガ	ガ	ガ	ガ
ガ	ガ	ガ	ガ	ガ	ガ	ガ

가[ga]

ギ	ギ	ギ	ギ	ギ	ギ	ギ
ギ	ギ	ギ	ギ	ギ	ギ	ギ

기[gi]

グ	グ	グ	グ	グ	グ	グ
グ	グ	グ	グ	グ	グ	グ

구[gu]

	ゲ	ゲ	ゲ	ゲ	ゲ	ゲ	ゲ
	ゲ	ゲ	ゲ	ゲ	ゲ	ゲ	ゲ
게[ge]							

	ゴ	ゴ	ゴ	ゴ	ゴ	ゴ	ゴ
	ゴ	ゴ	ゴ	ゴ	ゴ	ゴ	ゴ
고[go]							

● 단어 연습

- ガイド 가이드(guide) / ガウン 가운(gown) / ガス 가스(gas) / ガール 소녀(girl)
- ギア 기어(gear) / ギフト 선물(gift) / ジョギング 조깅(jogging)
- グレープ 그래프(grape) / グローブ 장갑(glove) / グリーン 녹색(green)
- ゲーム 게임(game) / ゲート 문(gate) / ゲスト 게스트(guest)
- ゴルフ 골프(golf) / ゴールド 골드(gold) / ゴール 골(goal)

ザ行

ザ	ジ	ズ	ゼ	ゾ
자[za]	지[zi]	즈[zu]	제[ze]	조[zo]

ザ 「ザ」는 우리말의 「자」에 가까운 발음으로 영어 로마자 표기는 [za]입니다.
발음할 때는 목구멍이 울리도록 하면서 발음합니다.

ジ 「ジ」는 우리말의 「지」에 가까운 발음으로 영어 로마자 표기는 [zi]입니다.
발음할 때는 목구멍이 울리도록 하면서 발음합니다.

ズ 「ズ」는 우리말의 「즈」에 가까운 발음으로 영어 로마자 표기는 [zu]입니다.
발음할 때는 목구멍이 울리도록 하면서 발음합니다.

ゼ 「ゼ」는 우리말의 「제」에 가까운 발음으로 영어 로마자 표기는 [ze]입니다.
발음할 때는 목구멍이 울리도록 하면서 발음합니다.

ゾ 「ゾ」는 우리말의 「조」에 가까운 발음으로 영어 로마자 표기는 [zo]입니다.
발음할 때는 목구멍이 울리도록 하면서 발음합니다.

ザ	ザ	ザ	ザ	ザ	ザ	ザ	ザ
	ザ	ザ	ザ	ザ	ザ	ザ	ザ

자[za]

ジ	ジ	ジ	ジ	ジ	ジ	ジ	ジ
	ジ	ジ	ジ	ジ	ジ	ジ	ジ

지[zi]

ズ	ズ	ズ	ズ	ズ	ズ	ズ	ズ
	ズ	ズ	ズ	ズ	ズ	ズ	ズ

즈[zu]

	ゼ	ゼ	ゼ	ゼ	ゼ	ゼ	ゼ
ゼ	ゼ	ゼ	ゼ	ゼ	ゼ	ゼ	ゼ
제[ze]							

	ゾ	ゾ	ゾ	ゾ	ゾ	ゾ	ゾ
ゾ	ゾ	ゾ	ゾ	ゾ	ゾ	ゾ	ゾ
조[zo]							

● 단어 연습

● ザイル 밧줄(seil) / ザエンド 끝(the end) / デザイン 디자인(design)

● ジョギング 조깅(jogging) / ジストマ 디스토마(distoma) / ジープ 지프(jeep)

● ズームレンズ 줌 렌즈(zoom lens) / サイズ 사이즈(size) / クイズ 퀴즈(quiz)

● ゼントルマン 젠틀맨(gentleman) / ゼロ 제로(zero) / ゼリー 젤리(jelly)

● ゾーン 구역(zone) / ゾル 졸(sol)

ダ行

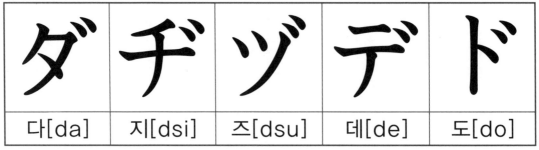

ダ	ヂ	ヅ	デ	ド
다[da]	지[dsi]	즈[dsu]	데[de]	도[do]

ダ 「ダ」는 우리말의 「다」에 가까운 발음으로 영어 로마자 표기는 [da] 입니다.
단어의 중간이나 끝에 올 경우 발음할 때는 목구멍이 울리도록 하면서 발음합니다.

ヂ 「ヂ」는 우리말의 「지」에 가까운 발음으로 영어 로마자 표기는 [dsi] 입니다.
단어의 중간이나 끝에 올 경우 발음할 때는 목구멍이 울리도록 하면서 발음합니다.

ヅ 「ヅ」는 우리말의 「즈」에 가까운 발음으로 영어 로마자 표기는 [dsu] 입니다.
단어의 중간이나 끝에 올 경우 발음할 때는 목구멍이 울리도록 하면서 발음합니다.

デ 「デ」는 우리말의 「데」에 가까운 발음으로 영어 로마자 표기는 [de] 입니다.
단어의 중간이나 끝에 올 경우 발음할 때는 목구멍이 울리도록 하면서 발음합니다.

ド 「ド」는 우리말의 「도」에 가까운 발음으로 영어 로마자 표기는 [do] 입니다.
단어의 중간이나 끝에 올 경우 발음할 때는 목구멍이 울리도록 하면서 발음합니다.

	ダ	ダ	ダ	ダ	ダ	ダ	ダ
ダ						ダ	ダ
다[da]							
	ヂ	ヂ	ヂ	ヂ	ヂ	ヂ	ヂ
ヂ	ヂ	ヂ	ヂ	ヂ	ヂ	ヂ	ヂ
지[dsi]							
	ヅ	ヅ	ヅ	ヅ	ヅ	ヅ	ヅ
ヅ	ヅ	ヅ	ヅ	ヅ	ヅ	ヅ	ヅ
즈[dsu]							

	デ	デ	デ	デ	デ	デ	デ
① ④ ⑤ ② デ ③	デ	デ	デ	デ	デ	デ	デ
데[de]							
	ト	ト	ト	ト	ト	ト	ト
① ③ ④ ド ②	ド	ド	ド	ド	ド	ド	ド
도[do]							

● 단어 연습

- ダイナミック 다이내믹(dynamic) / ダム 댐(dam) / ダイアリー 다이어리(diary)
- デート 데이트(date) / デザイナー 디자이너(designer) / デザート 디저트(dessert)
- ドクター 닥터(doctor) / ドル 달러(dollar) / ドリンク 드링크(drink)
- ドライブ 드라이브(drive) / ドリーム 드림(dream)

バ行

バ	ビ	ブ	ベ	ボ
바[ba]	비[bi]	부[bu]	베[be]	보[bo]

バ 「バ」는 우리말의 「바」에 가까운 발음으로 영어 로마자 표기는 [ba]입니다.
단어의 중간이나 끝에 올 경우 발음할 때는 목구멍이 울리도록 하면서 발음합니다.

ビ 「ビ」는 우리말의 「비」에 가까운 발음으로 영어 로마자 표기는 [bi]입니다.
단어의 중간이나 끝에 올 경우 발음할 때는 목구멍이 울리도록 하면서 발음합니다.

ブ 「ブ」는 우리말의 「부」에 가까운 발음으로 영어 로마자 표기는 [bu]입니다.
단어의 중간이나 끝에 올 경우 발음할 때는 목구멍이 울리도록 하면서 발음합니다.

ベ 「ベ」는 우리말의 「베」에 가까운 발음으로 영어 로마자 표기는 [be]입니다.
단어의 중간이나 끝에 올 경우 발음할 때는 목구멍이 울리도록 하면서 발음합니다.

ボ 「ボ」는 우리말의 「보」에 가까운 발음으로 영어 로마자 표기는 [bo]입니다.
단어의 중간이나 끝에 올 경우 발음할 때는 목구멍이 울리도록 하면서 발음합니다.

バ	バ	バ	バ	バ	バ	バ	バ
	バ	バ	バ	バ	バ	バ	バ
바[ba]							

ビ	ビ	ビ	ビ	ビ	ビ	ビ	ビ
	ビ	ビ	ビ	ビ	ビ	ビ	ビ
비[bi]							

ブ	ブ	ブ	ブ	ブ	ブ	ブ	ブ
	ブ	ブ	ブ	ブ	ブ	ブ	ブ
부[bu]							

		べ	べ	べ	べ	べ	べ	べ
①②③ べ		べ	べ	べ	べ	べ	べ	べ
베[be]								
⑤⑥②①③④ ボ		ボ	ボ	ボ	ボ	ボ	ボ	ボ
		ボ	ボ	ボ	ボ	ボ	ボ	ボ
보[bo]								

● 단어 연습

● バイオリン 바이올린(violin) / バス 버스(bus) / バッテリー 배터리(battery)

● ビデオ 비디오(video) / ビザ 비자(visa) / ビジネス 비지니스(business)

● ブランド 브랜드(brand) / ブラウス 블라우스(blouse) / ブルー 블루(blue)

● ベスト 베스트(best) / ベンチ 벤치(bench) / ベビー 베이비(baby)

● ボーナス 보너스(bonus) / ボート 보트(boat) / ボルト 볼트(volt)

* 참고 : 「V」음은 「バ・ビ・ブ・ベ・ボ」로 쓰는데, 「ヴァ・ヴィ・ヴ・ヴェ・ヴォ」로 표기

하기도 합니다. 그렇지만 될 수 있으면 쓰지 말 것을 권장하고 있습니다.

반탁음(半濁音)

パ行

パ	ピ	プ	ペ	ポ
파[pa]	피[pi]	푸[pu]	페[pe]	포[po]

- パ行은 청음「ハ・ヒ・フ・ヘ・ホ」에「゜」이 붙은 것으로 반탁음은 이 パ行밖에 없습니다.
- パ行이 첫머리에 오는 경우는 대개 외래어, 의성어, 의태어입니다.

パ「パ」는 우리말의「파」와「빠」의 중간 정도 발음으로 단어의 첫머리에 올 경우에는「파」에 더욱 가까우며, 단어의 중간이나 끝에 올 경우에는「빠」에 가깝게 발음합니다. 영어 로마자 표기는 [pa]입니다.

ピ「ピ」는 우리말의「피」와「삐」의 중간 정도 발음으로 단어의 첫머리에 올 경우에는「피」에 더욱 가까우며, 단어의 중간이나 끝에 올 경우에는「삐」에 가깝게 발음합니다. 영어 로마자 표기는 [pi]입니다.

プ「プ」는 우리말의「푸」와「뿌」의 중간 정도 발음으로 단어의 첫머리에 올 경우에는「푸」에 더욱 가까우며, 단어의 중간이나 끝에 올 경우에는「뿌」에 가깝게 발음합니다. 영어 로마자 표기는 [pu]입니다.

ペ「ペ」는 우리말의「페」와「뻬」의 중간 정도 발음으로 단어의 첫머리에 올 경우에는「페」에 더욱 가까우며, 단어의 중간이나 끝에 올 경우에는「뻬」에 가깝게 발음합니다. 영어 로마자 표기는 [pe]입니다.

ポ「ポ」는 우리말의「포」와「뽀」의 중간 정도 발음으로 단어의 첫머리에 올 경우에는「포」에 더욱 가까우며, 단어의 중간이나 끝에 올 경우에는「뽀」에 가깝게 발음합니다. 영어 로마자 표기는 [po]입니다.

パ	パ	パ	パ	パ	パ	パ	パ
	パ	パ	パ	パ	パ	パ	パ
파[pa]							

ピ	ピ	ピ	ピ	ピ	ピ	ピ	ピ
	ピ	ピ	ピ	ピ	ピ	ピ	ピ
피[pi]							

プ	プ	プ	プ	プ	プ	プ	プ
	プ	プ	プ	プ	プ	プ	プ
푸[pu]							

ペ		ペ	ペ	ペ	ペ	ペ	ペ
		ペ	ペ	ペ	ペ	ペ	ペ
페[pe]							

ポ		ポ	ポ	ポ	ポ	ポ	ポ	ポ
		ポ	ポ	ポ	ポ	ポ	ポ	ポ
포[po]								

● 단어 연습

- パーキング 주차(parking) / パートナー 파트너(partner) / パウダー 파우더(powder)
- ピアノ 피아노(piano) / ピース 평화(peace) / ピーク 절정(peak) / ピン 핀(pin)
- プログラム 프로그램(program) / プロフィール 프로필(profile) / プレー 경기(play)
- ペンパル 펜팔(penpal) / ペンシル 연필(pencil) / ページ 페이지(page)
- ポスト 우체통(post) / ポイント 포인트(point)

촉음(促音)

ツ

- 「ッ」은 청음 「ツ」의 1/2 크기로 작게 써서 받침으로만 쓰입니다.
- 단어의 첫머리에 올 수 없으며, 뒤에 오는 글자가 어떤 글자냐에 따라 우리말의 「ㄱ・ㅅ・ㅂ・ㄷ」으로 발음됩니다.
- 「ッ」도 그 자체가 하나의 글자이므로 1음절 길이와 같습니다. 따라서 앞 글자에 붙여서 발음하지만 약간 길게 발음한다는 느낌으로 발음해야 합니다.

▶ 「ッ」을 우리말 「ㄱ」으로 발음하는 경우

「ッ」다음에 「カ・キ・ク・ケ・コ」인 カ行 음이 오면 「ㄱ」으로 발음합니다.

♪ミュージック 음악(music) / サッカー 축구(soccer) / ホッケー 하키(hockey)

▶ 「ッ」을 우리말 「ㅅ」으로 발음하는 경우

「ッ」다음에 「サ・シ・ス・セ・ソ」인 サ行의 글자가 오면 「ㅅ」으로 발음합니다.

ファッション 패션(fashion) / レッスン 레슨(lesson) / エッセイ 수필(essay)

▶ 「ッ」을 우리말 「ㅂ」으로 발음하는 경우

「ッ」다음에 「パ・ピ・プ・ペ・ポ」인 パ行의 글자가 오면 「ㅂ」으로 발음합니다.

ショッピング 쇼핑(shopping) / スリッパ 슬리퍼(slipper) / ストップ 스톱(stop)

▶ 「ッ」을 우리말 「ㄷ」으로 발음하는 경우

「ッ」다음에 「タ・チ・ツ・テ・ト」인 タ行의 글자가 오면 「ㄷ」으로 발음합니다.

キッチン 부엌(kitchen) / バッテリー 배터리(battery) / チケット 티켓(ticket)

요음(拗音)

キャ	キュ	キョ
캬,꺄[kya]	큐,뀨[kyu]	쿄,꾜[kyo]

● 오십음도 각 자음의 「い」단(き・し・ち・に・ひ・み・り・ぎ・じ・び・ぴ)에 반모음인 「や・ゆ・よ」를 작게 써서 한 음절로 발음하는 글자를 요음이라고 합니다. 이 때 작은 글자로 표기한 「や・ゆ・よ」는 한글의 「ㅑ・ㅠ・ㅛ」와 같은 모음 역할을 하게 됩니다. 즉 「き」에 「や」가 작은 글자로 붙으면 「きゃ」가 되고, 「캬」라고 발음합니다.

● 전체가 한 음절의 길이입니다. 따라서 단어의 첫머리에 올 때 빨리 발음하지 않으면 우리말 습관으로 인해 장음화되기 쉬우므로 주의해야 합니다.

キャ 우리말의 「캬」와 「갸」의 중간 정도 발음으로 영어 로마자 표기는 [kya]입니다.
단어의 첫머리에 올 때는 「캬」로 발음하지만 단어의 중간이나 끝에서는 「꺄」로 발음합니다.

キュ 우리말의 「큐」와 「규」의 중간 정도 발음으로 영어 로마자 표기는 [kyu]입니다.
단어의 첫머리에 올 때는 「큐」로 발음하지만 단어의 중간이나 끝에서는 「뀨」로 발음합니다.

キョ 우리말의 「쿄」와 「교」의 중간 정도 발음으로 영어 로마자 표기는 [kyo]입니다.
단어의 첫머리에 올 때는 「쿄」로 발음하지만 단어의 중간이나 끝에서는 「꾜」로 발음합니다.

キャ	キャ	キュ	キュ	キョ	キョ
キャ	キャ	キュ	キュ	キョ	キョ

● 단어 연습

- キャンプ 캠프(camp) / キャラメル 캐러멜(caramel) / スキャンダル 스캔들(scandal)
- メーキャップ 메이크 업(make-up) / キャンバス 캔버스(canvas)
- ドキュメンタリー 다큐멘터리(documentary) / マニキュア 매니큐어(manicure)
- サンキュ 땡큐(thank you)

シャ	シュ	ショ
샤[sya]	슈[syu]	쇼[syo]

シャ 우리말의 「샤」에 가까운 발음으로 영어 로마자 표기는 [sya] 또는 [sha]입니다.

シュ 우리말의 「슈」에 가까운 발음으로 영어 로마자 표기는 [syu] 또는 [shu]입니다.

ショ 우리말의 「쇼」에 가까운 발음으로 영어 로마자 표기는 [syo] 또는 [sho]입니다.

シャ	シャ	シュ	シュ	ショ	ショ
シャ	シャ	シュ	シュ	ショ	ショ

● 단어 연습

- シャワー 샤워(shower) / シャンプー 샴푸(shampoo) / シャツ 셔츠(shirt)
- シューズ 슈즈(shoes) / イングリッシュ 잉글리시(English)
- アクション 액션(action) / モーション 모션(motion)
- ショップ 가게(shop) / ショーウィンドー 쇼윈도(show window)

チャ		チュ		チョ	
챠,쨔[cya]		쥬,쮸[cyu]		쵸, 쬬[cyo]	

단어의 첫머리에 올 때는 「챠ㆍ츄ㆍ쵸」로 발음하지만 단어의 중간이나 끝에서는 「쨔ㆍ쮸ㆍ쬬」로 발음합니다.

チャ 우리말의 「챠」에 가까운 발음으로 영어 로마자 표기는 [cya] 또는 [cha]입니다.

チュ 우리말의 「츄」에 가까운 발음으로 영어 로마자 표기는 [cyu] 또는 [chu]입니다.

ちょ 우리말의 「쵸」에 가까운 발음으로 영어 로마자 표기는 [cyo] 또는 [cho]입니다.

チャ	チャ	チュ	チュ	チョ	チョ
チャ	チャ	チュ	チュ	チョ	チョ

● 단어 연습

● チャンピオン 챔피언(champion) / アドベンチャー 어드벤처(adventure)

● スチュワーデス 스튜어디스(stewardess) / ナチュラル 내추럴(natural)

● チョコレート 초콜릿(chocolate) / チョイス 초이스(choice)

ニャ		ニュ		ニョ	
냐[nya]		뉴[nyu]		뇨[nyo]	

ニャ 우리말의 「냐」에 가까운 발음으로 영어 로마자 표기는 [nya]입니다.

ニュ 우리말의 「뉴」에 가까운 발음으로 영어 로마자 표기는 [nyu]입니다.

ニョ 우리말의 「뇨」에 가까운 발음으로 영어 로마자 표기는 [nyo]입니다.

ニャ	ニャ	ニュ	ニュ	ニョ	ニョ
ニャ	ニャ	ニュ	ニュ	ニョ	ニョ

● 단어 연습

- ニュース 뉴스(news) / ニュアンス 뉘앙스(nuance)
- メニュー 메뉴(menu)
- ニュートロン 중성자(neutron)
- ニューヨーク 뉴욕(New York)

ヒャ	ヒュ	ヒョ
햐[hya]	휴[hyu]	효[hyo]

ヒャ 우리말의 「햐」에 가까운 발음으로 영어 로마자 표기는 [hya]입니다.

ヒュ 우리말의 「휴」에 가까운 발음으로 영어 로마자 표기는 [hyu]입니다.

ヒョ 우리말의 「효」에 가까운 발음으로 영어 로마자 표기는 [hyo]입니다.

ヒャ	ヒャ	ヒュ	ヒュ	ヒョ	ヒョ
ヒャ	ヒャ	ヒュ	ヒュ	ヒョ	ヒョ

● **단어 연습**

● ヒューマニズム 휴머니즘(humanism) / ヒューズ 퓨즈(fuse)

ミヤ		ミユ		ミヨ	
먀[mya]		뮤[myu]		묘[myo]	

ミヤ　우리말의 「먀」에 가까운 발음으로 영어 로마자 표기는 [mya] 입니다.

ミユ　우리말의 「뮤」에 가까운 발음으로 영어 로마자 표기는 [myu] 입니다.

ミヨ　우리말의 「묘」에 가까운 발음으로 영어 로마자 표기는 [myo] 입니다.

ミヤ	ミヤ	ミユ	ミユ	ミヨ	ミヨ
ミヤ	ミヤ	ミユ	ミユ	ミヨ	ミヨ

● 단어 연습

- コミュニケーション 커뮤니케이션 (communication)
- ミュージック 뮤직 (music)
- ミュージカル 뮤지컬 (musical)
- ミュージアム 박물관 (museum)

リャ	リュ	リョ
랴[rya]	류[ryu]	료[ryo]

リャ 우리말의 「랴」에 가까운 발음으로 영어 로마자 표기는 [rya] 입니다.

リュ 우리말의 「류」에 가까운 발음으로 영어 로마자 표기는 [ryu] 입니다.

リョ 우리말의 「료」에 가까운 발음으로 영어 로마자 표기는 [ryo] 입니다.

リャ	リャ	リュ	リュ	リョ	リョ
リャ	リャ	リュ	リュ	リョ	リョ

● **단어 연습**

● リュマチ 류머티즘(rheumatism)

● リュックサック 배낭(rucksack)

ギャ	ギュ	ギョ
갸[gya]	규[gyu]	교[gyo]

ギャ 우리말의 「갸」에 가까운 발음으로 영어 로마자 표기는 [gya]입니다.

ギュ 우리말의 「규」에 가까운 발음으로 영어 로마자 표기는 [gyu]입니다.

ギョ 우리말의 「교」에 가까운 발음으로 영어 로마자 표기는 [gyo]입니다.

ギャ	ギャ	ギュ	ギュ	ギョ	ギョ
ギャ	ギャ	ギュ	ギュ	ギョ	ギョ

● 단어 연습

- ギャランティー 개런티(guarantee)
- ギャラリー 갤러리(gallery)
- ギョーザ 교자(중국식 만두)

ジャ		ジュ		ジョ	
쟈[zya]		쥬[zyu]		죠[zyo]	

ジャ 우리말의 「쟈」에 가까운 발음으로 영어 로마자 표기는 [zya]입니다.

ジュ 우리말의 「쥬」에 가까운 발음으로 영어 로마자 표기는 [zyu]입니다.

ジョ 우리말의 「죠」에 가까운 발음으로 영어 로마자 표기는 [zyo]입니다.

ジャ	ジャ	ジュ	ジュ	ジョ	ジョ
ジャ	ジャ	ジュ	ジュ	ジョ	ジョ

● 단어 연습

- ジャングル 정글(jungle) / マネージャー 매니저(manager) / ジャム 잼(jam)
- ジャケット 재킷(jacket) / ジャンパー 점퍼(jumper) / レジャー 레저(leisure)
- スケジュール 스케줄(schedule) / カジュアル 캐주얼(casual)

149

ヂャ	ヂュ	ヂョ
쟈[ja]	쥬[ju]	죠[jo]

「じゃ・じゅ・じょ」와 동일하게 발음하지만 현대어에서는 자주 쓰이지 않습니다.

ヂャ 우리말의 「쟈」에 가까운 발음으로 영어 로마자 표기는 [ja]입니다.

ヂュ 우리말의 「쥬」에 가까운 발음으로 영어 로마자 표기는 [ju]입니다.

ヂョ 우리말의 「죠」에 가까운 발음으로 영어 로마자 표기는 [jo]입니다.

ヂャ	ヂャ	ヂュ	ヂュ	ヂョ	ヂョ
ヂャ	ヂャ	ヂュ	ヂュ	ヂョ	ヂョ

ビャ	ビュ	ビョ
뱌[bya]	뷰[byu]	뵤[byo]

ビャ 우리말의 「뱌」에 가까운 발음으로 영어 로마자 표기는 [bya] 입니다.

ビュ 우리말의 「뷰」에 가까운 발음으로 영어 로마자 표기는 [byu] 입니다.

ビョ 우리말의 「뵤」에 가까운 발음으로 영어 로마자 표기는 [byo] 입니다.

ビャ	ビャ	ビュ	ビュ	ビョ	ビョ
ビャ	ビャ	ビュ	ビュ	ビョ	ビョ

● **단어 연습**

- ビュッフェ 뷔페(buffet) / デビュー 데뷔(début)
- ビューティー 뷰티(beauty) / ビューアー 뷰어(viewer)
- インタビュー 인터뷰(interview)

ピャ	ピュ	ピョ
퍄[pya]	퓨[pyu]	표[pyo]

단어의 첫머리에 올 때는 「퍄·퓨·표」로 발음하지만 단어의 중간이나 끝에서는 「빠·뿌·뽀」로 발음합니다.

 우리말의 「퍄」에 가까운 발음으로 영어 로마자 표기는 [pya]입니다.

 우리말의 「퓨」에 가까운 발음으로 영어 로마자 표기는 [pyu]입니다.

ピョ 우리말의 「표」에 가까운 발음으로 영어 로마자 표기는 [pyo]입니다.

ピャ	ピャ	ピュ	ピュ	ピョ	ピョ
ピャ	ピャ	ピュ	ピュ	ピョ	ピョ

● **단어 연습**

● コンピューター 컴퓨터(computer) / ピューマ 퓨마(puma)

● ピューリスム 퓨리즘(purisme) / ピュア 퓨어(pure)

부 록
일본어 기본 어휘

일본어 기본 어휘

조수사(개수 세는 것)

	서 수	기 수	사람(人)	장(枚)	개(個)	자루(本)	대(台)
1	いち	ひとつ	ひとり	いちまい	いっこ	いっぽん	いちだい
2	に	ふたつ	ふたり	にまい	にこ	にほん	にだい
3	さん	みっつ	さんにん	さんまい	さんこ	さんぼん	さんだい
4	し・よん	よっつ	よにん	よんまい	よんこ	よんほん	よんだい
5	ご	いつつ	ごにん	ごまい	ごこ	ごほん	ごだい
6	ろく	むっつ	ろくにん	ろくまい	ろっこ	ろっぽん	ろくだい
7	しち・なな	ななつ	しちにん	ななまい	ななこ	ななほん	ななだい
8	はち	やっつ	はちにん	はちまい	はっこ	はっぽん	はちだい
9	きゅう・く	ここのつ	きゅうにん	きゅうまい	きゅうこ	きゅうほん	きゅうだい
10	じゅう	とお	じゅうにん	じゅうまい	じっこ	じっぽん	じゅうだい
何		いくつ	なんにん	なんまい	なんこ	なんぼん	なんだい

● 장(枚) : 종이, 지폐, 접시, 유리, 손수건, 와이셔츠 등의 얇고 넓은 물건을 셀 때 쓰이는 단위.

● 개(個) : 여러 가지 물건의 개수를 셀 때 쓰이는 단위.

● 자루(本) : 가늘고 긴 물건이라면 모두 사용할 수 있습니다. 예를 들어, 연필, 담배, 우산, 그리고 병(맥주병, 간장병) 등을 셀 때도 本을 사용합니다.

● 대(台) : 기계, 자동차, 자전거 등을 셀 때 쓰이는 단위.

숫 자

漢字	一(いち)	十(じゅう)	百(ひゃく)	千(せん)	万(まん)
1(一)	いち	じゅう	ひゃく	せん	いちまん
2(二)	に	にじゅう	にひゃく	にせん	にまん
3(三)	さん	さんじゅう	さんびゃく	さんぜん	さんまん
4(四)	し・よん	よんじゅう	よんひゃく	よんせん	よんまん
5(五)	ご	ごじゅう	ごひゃく	ごせん	ごまん
6(六)	ろく	ろくじゅう	ろっぴゃく	ろくせん	ろくまん
7(七)	しち・なな	しちじゅう ななじゅう	ななひゃく	ななせん	ななまん
8(八)	はち	はちじゅう	はっぴゃく	はっせん	はちまん
9(九)	きゅう・く	きゅうじゅう	きゅうひゃく	きゅうせん	きゅうまん
몇(何)	なん	なんじゅう	なんびゃく	なんぜん	なんまん

사람을 셀때 쓰이는 수사

一人	ひとり	十一人	じゅういちにん
二人	ふたり	十二人	じゅうににん
三人	さんにん	十四人	じゅうよにん
四人	よにん	十七人	じゅうしちにん・じゅうななにん
五人	ごにん	十九人	じゅうきゅうにん
六人	ろくにん	二十人	にじゅうにん
七人	しちにん・ななにん	七十人	しちじゅうにん・ななじゅうにん
八人	はちにん	九十人	きゅうじゅうにん
九人	きゅうにん	百人	ひゃくにん
十人	じゅうにん	何人	なんにん

요일과 날짜

にちようび (일요일)	げつようび (월요일)	かようび (화요일)	すいようび (수요일)	もくようび (목요일)	きんようび (금요일)	どようび (토요일)
ついたち (1일)	ふつか (2일)	みっか (3일)	よっか (4일)	いつか (5일)	むいか (6일)	なのか (7일)
ようか (8일)	ここのか (9일)	とおか (10일)	じゅういちにち (11일)	じゅうににち (12일)	じゅうさんにち (13일)	じゅうよっか (14일)
じゅうごにち (15일)	じゅうろくにち (16일)	じゅうしちにち (17일)	じゅうはちにち (18일)	じゅうくにち (19일)	はつか (20일)	にじゅういちにち (21일)
にじゅうににち (22일)	にじゅうさんにち (23일)	にじゅうよっか (24일)	にじゅうごにち (25일)	にじゅうろくにち (26일)	にじゅうしちにち (27일)	にじゅうはちにち (28일)
にじゅうくにち (29일)	さんじゅうにち (30일)	さんじゅういちにち (31일)	なんにち (몇 일)			

때의 전·후

ひ(日)	しゅう(週)	つき(月)	とし(年)
おととい 그저께	せんせんしゅう (先々週)지지난주	せんせんげつ(先々月) 지지난달	おととし 재작년
きのう(昨日) 어제	せんしゅう(先週) 지난주	せんげつ(先月) 지난달	きょねん・さくねん (去年・昨年)작년
きょう(今日) 오늘	こんしゅう(今週) 이번 주	こんげつ(今月) 이번달	ことし(今年) 올해・금년
あした・あす(明日) 내일	らいしゅう(来週) 다음주	らいげつ(来月) 다음달	らいねん(来年) 내년
あさって 모레	さらいしゅう (再来週) 다다음주	さらいげつ (再来月) 다다음달	さらいねん (再来年) 내후년
しあさって 글피			
まいにち(毎日) 매일	まいしゅう(毎週) 매주	まいつき・まいげつ (毎月)매월	まいとし・まいねん (毎年)매년

월·개월·년·년간·주간

	월(月)	개월(個月)	년(年)	년간(年間)	주간(週間)
1	いちがつ	いっかげつ	いちねん	いちねんかん	いっしゅうかん
2	にがつ	にかげつ	にねん	にねんかん	にしゅうかん
3	さんがつ	さんかげつ	さんねん	さんねんかん	さんしゅうかん
4	しがつ	よんかげつ	よねん	よねんかん	よんしゅうかん
5	ごがつ	ごかげつ	ごねん	ごねんかん	ごしゅうかん
6	ろくがつ	ろっかげつ	ろくねん	ろくねんかん	ろくしゅうかん
7	しちがつ	ななかげつ	ななねん しちねん	ななねんかん しちねんかん	ななしゅうかん
8	はちがつ	はっかげつ はちかげつ	はちねん	はちねんかん	はっしゅうかん
9	くがつ	きゅうかげつ	きゅうねん	きゅうねんかん	きゅうしゅうかん
10	じゅうがつ	じゅっかげつ じっかげつ	じゅうねん	じゅうねんかん	じゅっしゅうかん じっしゅうかん
11	じゅういちがつ	じゅういっかげつ	じゅういちねん	じゅういちねんかん	じゅういっ しゅうかん
12	じゅうにがつ	じゅうにかげつ	じゅうにねん	じゅうにねんかん	じゅうにしゅうかん
何	なんがつ	なんかげつ	なんねん	なんねんかん	なんしゅうかん

157

시 · 분 · 초 · 시간

	시(時)	분(分)	초(秒)	시간(時間)
1	いちじ	いっぷん	いちびょう	いちじかん
2	にじ	にふん	にびょう	にじかん
3	さんじ	さんぷん	さんびょう	さんじかん
4	よじ	よんぷん	よんびょう	よじかん
5	ごじ	ごふん	ごびょう	ごじかん
6	ろくじ	ろっぷん	ろくびょう	ろくじかん
7	しちじ	ななふん	ななびょう	しちじかん
8	はちじ	はっぷん	はちびょう	はちじかん
9	くじ	きゅうふん	きゅうびょう	くじかん
10	じゅうじ	じゅっぷん じっぷん	じゅうびょう	じゅうじかん
11	じゅういちじ	じゅういっぷん	じゅういちびょう	じゅういちじかん
12	じゅうにじ	じゅうにふん	じゅうにびょう	じゅうにじかん
何	なんじ(何時)	なんぷん(何分)	なんびょう(何秒)	なんじかん(何時間)

일본 성(姓) 읽기

사또- 佐藤 さとう	스즈끼 鈴木 すずき	타까하시 高橋 たかはし	타나까 田中 たなか
와따나베 渡辺 わたなべ	이또- 伊藤 いとう	야마모또 山本 やまもと	나까무라 中村 なかむら
코바야시 小林 こばやし	카또- 加藤 かとう	요시다 吉田 よしだ	야마다 山田 やまだ
사사끼 佐々木 ささき	야마구찌 山口 やまぐち	마쯔모토 松本 まつもと	사이또- 斉藤 さいとう
이노우에 井上 いのうえ	키무라 木村 きむら	하야시 林 はやし	시미즈 清水 しみず
야마자끼 山崎 やまざき	이께다 池田 いけだ	아베 阿部 あべ	하시모또 橋本 はしもと
야마시따 山下 やました	모리 森 もり	이시까와 石川 いしかわ	나까지마 中島 なかじま
마에다 前田 まえだ	오가와 小川 おがわ	아오끼 青木 あおき	시마다 島田 しまだ
카네꼬 金子 かねこ	엔도- 遠藤 えんどう	타무라 田村 たむら	오까다 岡田 おかだ
타까기 高木 たかぎ	와다 和田 わだ	오-따 太田 おおた	나까노 中野 なかの
코야마 小山 こやま	노다 野田 のだ	후꾸다 福田 ふくだ	오-쯔까 大塚 おおつか
오까모또 岡本 おかもと	요꼬야마 横山 よこやま	고또- 後藤 ごとう	미우라 三浦 みうら
코지마 小島 こじま	후지이 藤井 ふじい	하라 原 はら	요시무라 吉村 よしむら
이시이 石井 いしい	오노 小野 おの	카따야마 片山 かたやま	니시까와 西川 にしかわ
우에노 上野 うえの	미야모또 宮本 みやもと	요꼬따 横田 よこた	오-노 大野 おおの
타께다 武田 たけだ	나까가와 中川 なかがわ	키따무라 北村 きたむら	세끼 関 せき
타께우찌 竹内 たけうち	하라다 原田 はらだ	마쯔오까 松岡 まつおか	타나베 田辺 たなべ
무라까미 村上 むらかみ	안도- 安藤 あんどう	니시무라 西村 にしむら	마루야마 丸山 まるやま
모리따 森田 もりた	우에다 上田 うえだ	노무라 野村 のむら	마쯔무라 松村 まつむら
이시다 石田 いしだ	나까야마 中山 なかやま	마쯔다 松田 まつだ	카와까미 川上 かわかみ
아라이 新井 あらい	우찌다 内田 うちだ	쿠보 久保 くぼ	오-시마 大島 おおしま

가족 호칭

우리 가족	상대방 가족	뜻	가정 내에서
父 (찌찌)	お父さん (오또-상)	아버지	お父さん (오또-상)·파파
母 (하하)	お母さん (오까-상)	어머니	お母さん (오까-상)·마마
両親 (료-싱)	ご両親 (고료-싱)	부모	
主人 (슈징) 夫 (옷또)	御主人 (고슈-징) だんなさま (단나사마)	남편	아나따
家内 (카나이) 妻 (쯔마)	奥さん (옥상) 奥さま (옥사마)	아내, 부인 사모님	이름
兄 (아니)	お兄さん (오니-상)	형, 오빠	お兄さん (오니-상), 아니끼
姉 (아네)	お姉さん (오네-상)	누나, 언니	お姉さん (오네-상)
弟 (오또-또) 妹 (이모-또)	弟さん (오또-또상) 妹さん (이모-또상)	남동생 여동생	이름
兄弟 (쿄-다이)	ご兄弟 (고쿄-다이)	형제	
息子 (무스꼬)	息子さん (무스꼬상) (お)坊っちゃん (오)봇짱	아들 도련님	이름, ~짱·君 (쿵)
娘 (무스메)	娘さん (무스메상) お嬢さん (오죠-상)	딸 따님	이름, ~짱
子供 (고도모)	子供さん (고도모상) お子さん (오꼬상)	아이	이름
孫 (마고)	お孫さん (오마고상)	손자, 손녀	이름, 君 (쿵)·~짱